チームを改善したい
リーダー・推進者のための
心の好循環サイクル
仲間を支え個を活かす力

ランスタッド株式会社 EAP総研 所長
川西 由美子 著

日科技連

は　じ　め　に

　本書を手に取り、内容に興味をもっていただいたことに心から感謝を申し上げます。チームを改善したい方々に届くように、自ら行動を起こすときに必要な理論と実践で使える技法をちりばめ、想いを込めて執筆しました。
　私は品質管理や品質保証の専門家ではありません。しかし、私の専門分野である心理学的な介入が必要な現場をこの目で視て、肌で感じて、本書の執筆に着手しました。ここで、本書を執筆しようと心に決めたきっかけについて少しお話ししたいと思います。心理学を基にカウンセリングや会社のコンサルティングをしていた私は、メンタルヘルスケアやヒューマンエラー防止のため、企業の従業員様向け研修の講師として、ものづくりの現場や研究所に顔を出すことがありました。そして、現場で何が起こっているのかを「何度も現場に通って職場を知る」、「現実の問題点と理想論の壁は何かを探す」、「その結果どうなっているのか現物を知る」という行動をとり、内容を練り上げて講習会を行ってきました。その中である共通項を発見し、私にとって大きな気づきとなった事実があります。
　それは、当たり前と思えるモラルが徹底している組織では、学習意欲が高く、心身の健康が保たれているということです。例えば、工場内に停められている自転車がきっちりと揃って駐輪されていること、構内の信号をしっかりと指差呼称して正しく渡っていること、構内で挨拶をきちんと声を出してできていること、不具合を発見したら自ら考え即対処することなどです。
　一方で、構内の信号を守らず横断歩道を斜め渡りしている方がいたり、作業服のズボンが腰から落ちそうといった服装の乱れや髪型の乱れ

iii

はじめに

が目立ったり、目を合わせても挨拶もできない方がいるなど、当たり前と思えることができていない、問題を問題として認識できずに、改善点や不具合を考えずにただ作業の手だけを動かしている状態になっている状況下では、学習意欲が低く、集中力や考える力に欠ける方が多いことがわかりました。このような職場では、心身の不調も多い傾向にあるのです。

業務をこなす以外の仕事への向き合い方が悪い職場では、安全が保たれず、健康状態もよくなく、製品に不具合が出るなど、頭では理解していましたが、その現場を目の当たりにすると、そこかしこに問題が山積みになっていました。メンタルヘルスケアやヒューマンエラー防止の研修を受講していただく以前の問題に直面することが多かったのです。

そのような状態のまま、心理学的な技術のみをお伝えしても、研修時間のみの知識となってしまい、研修が終わって会場の扉を開ければ記憶にも残らない、ましてや行動を変えようという意識を起こしていただくことができないと痛感した私は、現場に直接働きかけられる方法がないかと模索していました。そして、組織の課題を解決していくことに本当に役に立っているだろうかという疑問から、私自身、もう一度一から勉強しなおそうと決意しました。

そのときに出会ったのが、組織風土を現場の力で変えていくメソッドを開発し、数々の成功事例を生み出し続けている技法、「リチーミング」でした。この技法を開発者から直接学ぶべく、フィンランド・ヘルシンキの精神科医であるベン・ファーマン氏と、社会心理学者であるタパニ・アホラ氏の教育を受けることを決意しました。彼らの技術を深く学び、この方法論は日本にもとても有効であることを確信し、彼らのサポートも得ながら日本で2006年からさまざまな業界・組織に対して導入を開始しています。

日本でフィンランド式のこの技法を伝え始めてから7年ほどが経った

はじめに

　ある日、QCサークル関東支部の幹事長であった有賀久夫氏より、QCサークル関東支部・改善事例チャンピオン大会での特別講演の依頼がありました。そのとき、「川西さんの行き着く先とわれわれの方向性は同じ。手段が違うだけ。さまざまな手段を知ることで、改善の選択肢が増える。ぜひ、講演をお願いしたい」とのありがたいお言葉をいただきました。

　その日から、QCとは何ぞや、と自分の中で格闘する日々が続きました。関東大会での講演に先立ち、京浜地区大会に受講者として参加させていただき、ある種の感動が私の心を動かしました。発表者はみなさま会社代表としてのたくましい意気込みがありましたが、それ以上にすべての発表者から、現場を本当によくして働き甲斐のある職場をつくるんだ、というピュアな熱意を感じとったのです。どれだけのコスト削減があったか、問題点をクリアにして改善をしたかなど、有形効果にも目を見張るものがありましたが、それ以上にチームワーク力や若手の成長など無形効果が大きいこと、そして、その無形効果が有形効果を維持・改善するうえでの大きな力になっていることを確信したのです。

　私がみなさまの何を伸ばすことに貢献できるか考えたうえで、この無形効果に着目しました。そして、現状、どのサークルも有形効果の副産物として無形効果を捉えていることが多く、無形効果の有無は把握していても無形効果を積極的に伸ばす技術をサークル運営の中に取り込んでいないことがわかったのです。私の出番を感じた瞬間でした。

　現場に限りなく近い目線で心理的介入をしたいと思っていた私の志と、特別講演依頼をいただいた有賀氏からのオーダーはマッチし、心躍る仕事であったことはいうまでもありません。

　ここで、本書の執筆を決心した3つのエピソードを紹介します。

1. 現場のリーダーとの交流

　QCサークル関東支部・改善事例チャンピオン大会での講演後、あり

はじめに

がたいことに参加者から自社でも講演してくださいという依頼がありました。そして、大手自動車メーカーの全社改善発表大会の講演前に、発表を聞くチャンスに恵まれました。発表の中で心理学的に優れた点をもつサークルを見つけたので、即座に講演の原稿を修正し、彼らが行った優れた点に対して心理学的解釈を講演内容に取り込みました。講演後、そのリーダーに話を聞きたかったので対話を試み、現在もサークル運営上、リーダーが困ったときはポイントアドバイスを行っている関係を築いています。

例えば、
- どんなに介入してもサークルに興味をもたないチーム員をどのように動かすか
- ヒューマンエラーについて話し合っているが、どんな切り口で話すとよいか

など、リーダーが抱える生の声に即対応してこそ生きた学問だと思い、できる限り対応しました。

このような現場のリーダーとの交流から、他のリーダーも同じような困りごとの解決の糸口を知ると楽になれるのでは、と考えました。

2. QC指導者（推進者）との交流

また、いくつかの組織ではQC指導者のステップアップ研修時にも、改善するのがむずかしい点として、以下が挙がりました。
- どうしてもやらされ感をなくしてあげられない
- 小集団改善活動（QCサークル活動）の参加率が下がっている
- 課題抽出が対策ありきになってしまい、特性要因図を使って分析するときに意見が出ない
- 若手の育成やリーダーのバトンタッチがうまくいかない
- 発表のための小集団改善活動になっている
- 発表時のパワーポイントの精度のみにこだわり、中身の議論に欠ける

など、指導者側からの悩みが多いことを知り、指導者が次に起こすアクションを検討するきっかけづくりを心がけ、対応しました。

このような指導者との交流から、改善したいがむずかしい案件に心理学的に対応できる部分もあるはずと考えました。

3. 地区の推進事務局交流会で水平展開

そして、決定的なうれしい出来事がありました。数回にわたり異なる現場で研修を行わせていただいた大手自動車メーカーの品質保証部長様が、「川西さんが伝えたいことは他社にとっても必要なことで、自分が地区長を務めるQCサークルの推進事務局交流会で川西さんのパワーポイントを使用して発表し、情報共有を図りたい」とおっしゃってくださったのです。これはQCのマインドにある水平展開という大切な思想を大きな枠で実行しようとしていることに他ならないと思い、心が躍りました。ものづくりの門外漢である私を必要としてくれる場があるのだと再認識し、さらに深く心新たに向き合うことを決意しました。

以上の3つのエピソードから、私が現場で一個人や団体と向き合ってきたノウハウを本にすれば、改善活動をよりよくしたい方々のお役に立てるのではないかと思い、出版を決意したのです。

現場の方や指導者の方から聞く事例から、以下のことがわかりました。

- みなさまが日々、何気なく取り組んでいるサークル運営の中で、心理学的によい行動パターンとされるものが多く存在すること
- ものづくりは人が基本とわかっているけれど、なかなか足並みが揃わないメンバーの心をまとめることにエネルギーを使い果たし、改善活動に四苦八苦していること

本書で述べている私の言葉やワークは、すべて頭でわかっていること、すでに行ってきたことかもしれません。そんなときは、行動点検の

はじめに

チェックのために活用してください。よい行動を"よい"と認識すると、その行動に意味づけができ、より自信が出てくること間違いなしです。

また、改めて自分の行動を省み、人の心に向き合う大切さに気づいてくれる方もいらっしゃるかもしれません。そのときは、ご自身を責めたり落ち込んだりするのではなく、「まだできていない技術を見つけた、これから技術を取り込めばよいだけだ」と思い、前に進んでもらいたいのです。

企業に勤める人は、私も含めて、一日の大半を職場で過ごしており、職場の風土が人の心に多大な影響を及ぼします。職場風土の変革を急務と感じている組織も多いかもしれません。しかし、私は安易に社員の心が動かないままにトップダウンで職場風土を変えようとは考えていないのです。風土をつくるのは結局、一人ひとりの思いなんだというところに気づき、現場が納得し、ボトムアップしていくことが大切だと、現場で痛切に感じたのです。

オリンピックを迎える日本。変わるべきところを猛スピードで変えていかなければならない昨今、有形的なアウトプットを出すその前工程をみなさまとともに考えていきたいと思っています。

本書を改善活動で活用していただきたいことはいうまでもありませんが、改善活動以外でもさまざまな場面で使える汎用性のある内容になっています。上司と部下の関係性を強化する、ベテランと若手の温度差を埋める、チームビルディング、目標が形骸化している組織を底上げするなど、心の矢の方向を微調整する際に役立てていただきたい要素を書き留めました。

私は何かの壁にぶつかったとき、常にヨットの帆を考えます。ヨットは逆風でも帆の張り方を変えて風を取り込み、進むべき目標に向け、回り道をしながらも前に進むことができます。帆を張り替える技術（＝

QCの諸技法)と進むべき目標(心の矢の方向・ベクトル)を共感して、共有し合えれば、逆風のときこそ、他との差を出せるチャンスとなります。

　一人ひとりの知恵を出し合い、大きな力に変えることができれば、技術の国、日本の原点復帰が叶います。さらに、飛躍するための底力をも発揮できるのだと強く思います。

　嵐の中の航海の際、ポールスター(北極星＝変わらない基点)を見つけ出し、進むべき目標を見失わないヒントを本書から感じていただけることを願っております。

2015年5月吉日

ランスタッド株式会社　EAP総研

所長　川西　由美子

目　次

はじめに ……………………………………………………………………… iii

第1章　これからの改善活動に必要なもの …………… 1
- 1.1　改善活動の新たな可能性 ……………………………… 2
- 1.2　心理的側面を考慮する重要性 ………………………… 4
- 1.3　改善活動の重要性と発展性 …………………………… 13
- 1.4　まとめ ……………………………………………………… 24

第2章　チーム力と人づくり ……………………………… 27
- 2.1　三現主義が生み出す解決力 …………………………… 28
- 2.2　改善活動が生み出すチーム力 ………………………… 34
- 2.3　組織を活性化するチーム力 …………………………… 37

第3章　困難に立ち向かえる強い組織をつくる技法「リチーミング」 …… 41
- 3.1　リチーミングの概要 ……………………………………… 42
- 3.2　問題を追究せず、ありたい自分を思い描く解決志向 …… 45
- 3.3　リチーミングの留意点 …………………………………… 49
- 3.4　リチーミングのプロセス ………………………………… 52
- 3.5　リチーミングのワーク事例 ……………………………… 55

第4章　改善活動を活性化する「心の好循環サイクル」… 61

- 4.1　改善活動をさらに高める心の好循環サイクル ……… 62
- 4.2　心の改善同盟 …………………………………………… 63
- 4.3　改善ブリッジ …………………………………………… 64
- 4.4　役割の再構築 …………………………………………… 69
- 4.5　心の好循環サイクルの構築事例 ……………………… 70

第5章　心の好循環サイクルをつくるためのチーム内コミュニケーション ……… 77

- 5.1　新しいリーダーシップ ………………………………… 78
- 5.2　職場に活かすコミュニケーションマネジメント …… 83

第6章　自身の健康における改善とは ………………… 95

- 6.1　自身の健康の問題に気づく …………………………… 96
- 6.2　ストレスがコミュニケーションに及ぼす影響 ……… 104
- 6.3　ストレス対処の必要性 ………………………………… 106

第7章　ストレス対処法 …………………………………109

- 7.1　ストレス対処法の分類 ………………………………… 110
- 7.2　セルフチェックと解説 ………………………………… 111

第8章　困りごとに対処するコミュニケーション技術 …147

- 8.1　困りごとを整理し、行動改善をする ………………… 148
- 8.2　声かけをする前に必要な「行動変換KSKシート」……… 150

- 8.3 心の改善同盟に必要な「心の改善同盟KKKシート」…… 154
- 8.4 改善ブリッジに必要な「改善ブリッジシート」………… 158
- 8.5 役割の再構築に必要な「役割再構築KYシート」………… 158
- 8.6 悩みごと・困りごとQ&A ………………………………… 165
- 8.7 言葉になる前の声なき声を拾い上げる ………………… 169
- 8.8 人づくり＝組織づくり …………………………………… 173

付録 ………………………………………………………………… 177
おわりに …………………………………………………………… 193
索引 ………………………………………………………………… 195

第 **1** 章

これからの改善活動に必要なもの

1.1 改善活動の新たな可能性

（1） 多様化し、変化し続ける社会の中で

　私は、数年前からインドネシアやベトナムなどアジアに進出している日本企業から、現地でチームワーク力強化の講座を開いてほしいという依頼を受けることが多くなりました。

　異文化の中で、心を通わせ、組織がめざす方向性を理解させることは至難の業です。その中で、駐在年数が3〜5年の日本人に対し、特に中国系企業などは10〜15年単位でマネジメント層を送り、地元に密着して心を理解し合う体制づくりを実施しています。

　これでは現地の日本企業は競争に負けてしまう、と悟った私は、自身のもつ技法で何とかその差を埋められないかと試行錯誤しました。そして、心理学を応用したチームビルディング技法を用いた結果、異文化の地域であっても、「目標達成のために」という会話から始めると、われわれの共通項はみな目標を向いていることだ、との認識が高くなり、考え方の違いから深い確執に陥ることなく、知恵を出し合える体制をつくることができました。

　言葉や文化の違いを時間をかけて理解するよりも、目標という言語で結びついていれば、言葉や文化の違いは問題ではなくなり、いかに知恵を出し合えるかという次元に到達しました。

　そこで重要なのは、目標が形骸化して数字だけわかった状態にしてもまったくチームはまとまらないということです。

　目標を意識するとき、一人ひとりが目標達成に意義を感じ、真剣に向き合うことの重要性を腹落ちさせていることが何よりも大切なのです。それぞれの心のベクトルを調整して、チームのベクトルをつくり上げ、個人の行動の中に落とすこと。いたってシンプルな取組みですが、これ

を成し遂げる知恵と工夫が必要です。

　そこで私が注目した活動は、小集団改善活動（またはQCサークル活動、以降改善活動とする）です。この活動を通じて数値目標達成などの有形効果を出すことに加え、仕事への向き合い方、心配りの仕方、協力する意味、目標をめざす楽しさなどの改善活動を通じた無形効果を学べたら、ものづくりの基本である人づくりを強化することができます。従来どおりの改善活動をする中でも、無形効果は多々ありますが、さらに確実に無形効果を高めて心のベクトル合わせを行うためには、もうひと工夫が必要となります。改善活動を効果的に促進するツールとして、QC七つ道具、新QC七つ道具などのさまざまな実績あるQC手法がすでに浸透し、広く活用されています。そこに、本書で示す心のベクトルを調整するチーム力強化の技法を加えたら、とても素敵な化学反応が起こります。

　心のベクトルを調整すること、すなわち無形効果を意識的に高めることこそが有形効果を最大限に引き出す原点だと思います。

　多様化し、変化し続ける社会の中で、日本が50年以上前から大切につくり上げ、向上させてきたものづくりの足場固めである改善活動にこそ、現場の人づくり・心づくりの原点があるのだと感じていただきたいのです。

（2）　従来の手法に心を乗せると……

　人を表すMan、機械のMachine、材料のMaterial、やり方のMethod、計測のMeasurementは、製造の現場ではもはや常識となっている「5M」です。これらを突き詰めていけば問題解決に至る、という考え方は、物事をシンプルにして、やるべきことを明確にしてくれる素晴らしい考え方です。

　それに加えて、私はここに「誰が？」という概念をもち込みたいので

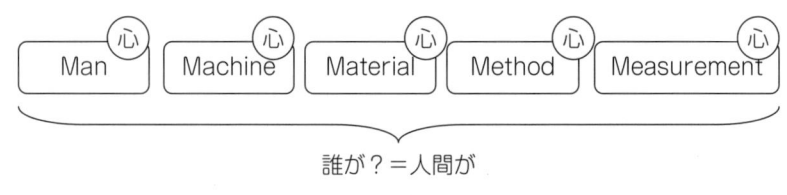

図1.1　5M＋心

す。Mの頭文字をもつそれぞれに主語をつけてみるとどうでしょうか？機械を動かすのも、材料を用意するのも、決められたやり方を実行するのも、状況に応じて計測をするのも、すべて人間です。

　相手が機械の場合は、この5つの変化を追究し、対処すれば改善できるのですが、それを扱うのが人間である以上、それには人間の心が複雑に絡んできます（図1.1）。これまではあえて人的要因、心理的要因を排除して、誰が作業しても同じ結果になることに主眼を置いて構築されてきたこうした手法も、心理面を考慮するとまた違ったものが見えてきます。世の中にあふれているさまざまな手法の上に心を乗せてみると、いままでどうやってもうまく行かなかった、成果が上がりづらかったことのヒントが見えてくるはずです。ちなみに、5MのManはそもそも人の技術力を意味しています。人の心ではないことを改めて理解しておいてください。

1.2　心理的側面を考慮する重要性

（1）ヒューマンリスクの問題

　本書では、従来の改善方法に加えて、これまで除外されてきた人的要因、心理的要因といった心理的側面を考慮したアプローチを紹介していきます。

不良品や不具合を出さない品質管理には何が必要でしょうか。明確なルールの制定、ルールを実行する社員への教育の徹底、ミスが起こりにくいラインの構築、複数の確認作業を組み込んだ生産システムの導入。そのすべてを完璧に整えたとしても、一定数の不良が起きることはみなさんよくご存知のとおりです。また、ルールやシステムを運用する人間の側にミスがある場合があります。これも現場の方なら経験である程度予測できると思うのですが、作業への意欲が高い人員と作業へのモチベーションが高く保てない人員の集団では、技術レベルが同じだとしても効率や能率、不良率が変わってくるはずです。

ヒューマンエラーの発生には、モチベーションが大いに関係しているということは間違いないのですが、単純に「個人のやる気」に帰結してよい問題ではありません。ヒューマンエラーを心理学的に分解していくと、こうした人為的ミスを減らすための明確な道筋が見えてくるはずです。

図1.2のように、手順をつくしても起きてしまうミスを「ヒューマンリスク」として捉え、そのリスクが起きる心理的側面を考えることで、これまでは不測の事態と考えていたこれらのリスクを明確化して防ぐことが可能になります。

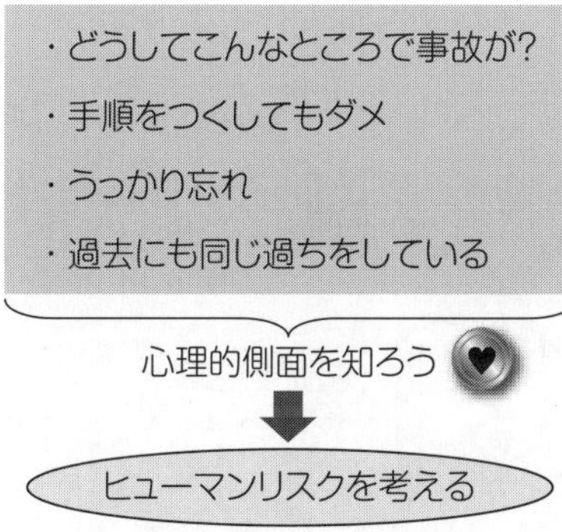

- どうしてこんなところで事故が?
- 手順をつくしてもダメ
- うっかり忘れ
- 過去にも同じ過ちをしている

心理的側面を知ろう

→ ヒューマンリスクを考える

図1.2　ヒューマンリスク

(2) 脳のスリップのメカニズム

こうしたミスを心理的側面で見たとき、何が起こっているのでしょうか。ここからはまさに私の専門分野の領域になっていきますが、こうしたミスが起きているとき、当事者の脳の中では「スリップ」(実行失敗)という現象が起きています。スリップという現象は、脳によって自動化された一連の行動が、記憶や注意力を司る認知メカニズムに何らかのストレスがかかることでスリップしてしまう現象であり、本来ならば何も考えずに自動化して行えるような単純な作業で起きることが多いとされています。

マニュアルも熟読して、何度も繰り返している作業なのに、今日に限ってうっかりミスをしてしまった。乗り慣れた電車のはずなのに、何も考えずに一駅前で降りてしまった。考え事をしていたらまったく反対方向に乗ってしまった。そんな経験は誰にもあると思いますが、こうした「ボーッとしていてうっかり」という行動が起きているときは、実行失敗、つまりスリップが起きているのです。

スリップは意図的に起こしているわけではないので「気をつけて」と指示を徹底しても、ミスを犯したことや厳しく叱責されることでさらにストレスを感じ、ミスを誘発する可能性もあります。

脳の自動化
一連の動作をまとまって記憶
(あまり考えなくてもスムーズに行動)

記憶・注意
(認知メカニズムにダメージ)

スリップ(実行失敗)
(意図的に失敗しているのではない)

図1.3 スリップのメカニズム

図 1.3 はスリップが起こるメカニズムを表したものです。脳は人体の中でも一度に大量のエネルギーを使う重要な器官です。そのため、脳は省エネに努め、自分の機能をなるべく使わないように進化しています。動作を自動化することで脳のエネルギー消費を最低限に抑えているのですが、その自動で走っているはずのプログラムがストレスによって乱され、スリップが起きるのです。

(3) コミュニケーションリスク

スリップを防ぐためには、無意識下で作業を行わないようにコミュニケーションを交えていくことが効果的です。しかし、このコミュニケーションにもリスクが存在します(**図 1.4**)。

お互いへの指示がかえって混乱を呼び、意図が正確に伝わらず結果として重大なミスを引き起こした、という例も枚挙にいとまがありません。

コミュニケーションの行き違いにも、スリップのときと同じようにストレスが深く関わっています。人間のコミュニケーションは、発信者が

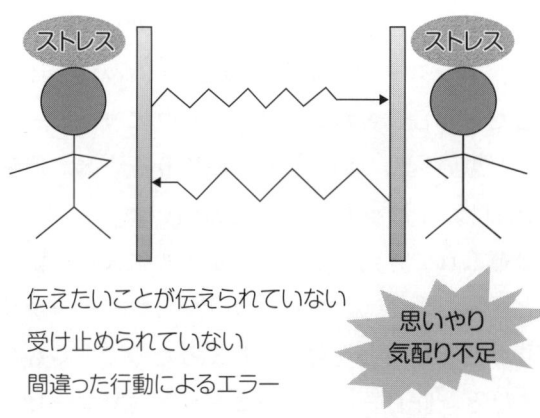

図 1.4　コミュニケーションリスク

10のことを伝えたくても、言い方に誤解を受けることが含まれる、ニュアンスがうまく伝わらない、伝える側の技能不足などの原因で、7程度しか伝えられないことも多々あります。その後、そのコミュニケーションの受信者が受けとめる際、その内容に対するストレスによる認知のゆがみや聞き漏らし、理解不足などの原因で、はじめは10のことが結果として3しか伝わっていない可能性もあるのです。

　例えばある場面で、「この人には何を言ってもうまく伝わらない」、「仕事が遅いなあ」と思って指示を出します。この状況では、指示を出した側もストレスを感じていますし、指示を受けた側も、声のトーンや表情で相手からのストレスを感じると、スリップを防止するどころか、指示によって受けたストレスでかえってミスを起こしやすい心理状態になってしまうのです。これを「コミュニケーションリスク」といいます。

　コミュニケーションリスクは業種を問わず、またビジネスの現場でなくても起こり得る問題です。

　あるミーティングで、私がアシスタントに「じゃあ、お茶をお願いね」と指示を出しました。そのミーティングの相手は、とても歴史のある日本製の洋食器を作っている会社の方でした。私はせっかくお目にかかるのですから、おもてなしをしたいと思い、前日にそのアシスタントと一緒に、ミーティング相手の会社のコーヒーカップを購入しに行きました。もちろん、アシスタントにもそのときに私の意図は伝えたので、お茶をお願いしたら昨日買ったコーヒーカップにコーヒーを入れてもってきてくれる、と思い込んでいました。段取りをすべて理解したと思っていたので、当日は、「じゃあ、お茶をお願いね」とだけ伝えました。しかし、実際に運ばれてきたのはペットボトルに入った緑茶でした。お茶を入れて、と言ったので、コーヒーカップとコーヒーがリンクされずに、文字どおりお茶＝緑茶と理解してしまったのです。もしかしたらお茶と言っているけど、昨日買ったコーヒーカップでコーヒーかなぁ、と考えることをせず、お茶という言葉の刺激に脳は思考を通らずに緑茶と

自動反応してしまった、つまり脳の記憶の呼出し機能が働いていなかったのです。

　私は前日の出来事を踏まえて、どのように伝えたらエラーが起こらなかったか検討してみました。

　「じゃあ、昨日一緒に買いに行って用意しておいた、コーヒーカップでコーヒーをお願いね」と頼めば、コミュニケーションリスクは減ったでしょう。

　この言葉を省いた私の側に、思いやりや気配りが不足していたことも、コミュニケーションの行き違いの一因です。アシスタントの側から見れば、お客さまがいらしたことに緊張して、それがストレス要因になっていたのかもしれません。ストレスというと、人間関係やプライベートなどの"悩み"と受け取る人が多いのですが、緊張や長時間労働による疲労、睡眠不足などもストレス要因として心に負荷をかけます。そして、伝えられた言葉の背景を理解するゆとりがなく、文字どおり伝えたお茶という言葉を鵜呑みにしてしまったと考えられます。また、アシスタントが私に指示を受けたときに、「お茶ですか？　コーヒーではないのですか？」などと質問ができるような雰囲気や話し方をしていたら、また結果は違ったかもしれません。

　どうしてわからないんだと嘆くより、コミュニケーションリスクは伝える側と受けとる側の両方に的確にケアがなされなければ解消されない問題と認識してください。

(4)　ワーキングメモリ

　スリップやコミュニケーションリスクなどのヒューマンリスクを避けるためには、どのようなことが必要でしょうか。まず重要なのは、心とストレスという問題を的確に捉えることです。そして、ヒューマンリスクを個人の資質や性格の問題に置き換えず、心理的側面から原因を検証

することが求められます。

次に具体的な予防策ですが、ここでも心理的側面に注意を払い、ヒューマンリスクに対処する体制づくりを実現します。

ヒューマンリスク減少のためのキーワードの一つが「ワーキングメモリ」です。ワーキングメモリは「作業記憶」ともいい、何らかの作業を行う際に使っている脳の機能のことをいいます。認知心理学者のアラン・バドレイ氏は、車の運転中、大好きなラグビーのラジオ実況を聴いているときに、人間の脳には同時並行的に他の情報を処理する能力があることを発見しました。

並行処理される情報を総合的に判断して決断を下し、行動に移す間、ワーキングメモリは記憶と動作をつなぐ重要な役割を果たしているのです。

ワーキングメモリを実感するために簡単なワークを一つやってみましょう。突然ですが、ラーメンをつくるときの動作を思い浮かべてみてください。

ラーメンをつくるには、まず麺をゆでる鍋、スープをつくる鍋を探すことから始まります。そしてラーメンに入れる具の中身を考え、水や具の分量を考えて作業に入ります。

ラーメンをつくるという動作は、過去にラーメンをつくった記憶を呼び覚まし、目の前の情報と組み合わせることで、実際のアクションとなって実行されます(図1.5)。

ここで、いつもは具に加えている好物の半熟卵を忘れたとします。これはラーメンをつくる手順でスリップが起きてしまった状態です。これを防ぐためには、卵に注意を向けて、ワーキングメモリを機能させることが重要です。

- 心の中で繰り返し声に出してみる
- 心の中でできるだけ具体的なイメージをつくり出す
- 大体のあんばいを割り出す(作業時間、使用する材料など)

行動にはさまざまな記憶が必要

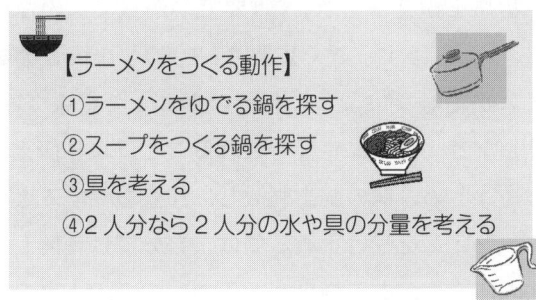

図 1.5　ラーメンをつくる動作

という作業が効果的です。

　半熟卵を忘れないようにするには、ラーメンに必要な具として半熟卵を意識して、できるだけ具体的に、例えば「割ったときに黄身がとろーりとあふれてくるような半熟卵」というイメージを思い描いて、実際の調理工程に落とし込むことです。

　脳に具体的なものごとをインプットする際は、事柄、感情、意味を意識します。そして、作業に移る前に、ワーキングメモリの働きを促すように心の中でつぶやき、具体的なイメージを思い浮かべるとよいでしょう（**図 1.6**）。

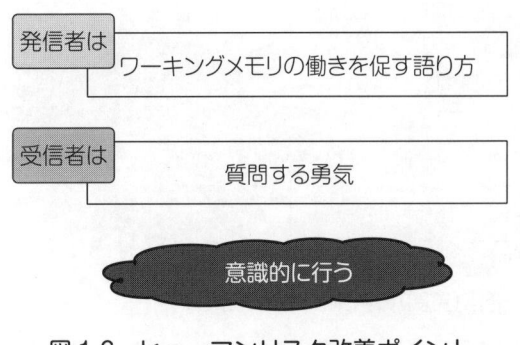

図 1.6　ヒューマンリスク改善ポイント

第1章　これからの改善活動に必要なもの

　ここでいう感情とは、インプットするときの強弱をつけるという意味のことです。物事を伝えるとき、「重要ですからミスのないように」という表現から、「これはすっごく重要で、○○しないと●●になってしまうから、ミスが絶対ないように」というような意味づけや、「すっごく」や「絶対」など、表現に感情を入れることにより伝えたいことの強度が変わり、受けとめる側の脳を刺激し、注意を促すことができます。

　コミュニケーションを受け止める側は、自分では理解したと思うことも発信者の意図と誤差がある場合もあるため、このような受け止め方でよいのかと伝え、自分の理解を相手に示すことが重要です。また、わかりづらい点は勇気を出して質問することを忘れないでください（図1.7）。

　ビジネスの現場でも、質問せずわからないままで行動し、後で大きなミスにつながるリスクもあります。小さなことと自分は思っていても、その場その場で質問をしてください。例えば、ある作業を行う際に安全帯を2箇所につける手順が定められていたとします。発信者は、「安全帯をちゃんとしろよ」ではなく、ワーキングメモリを意識して、「2箇所の安全帯をフックにかけ、固定しよう」といった具体的な指示を送る

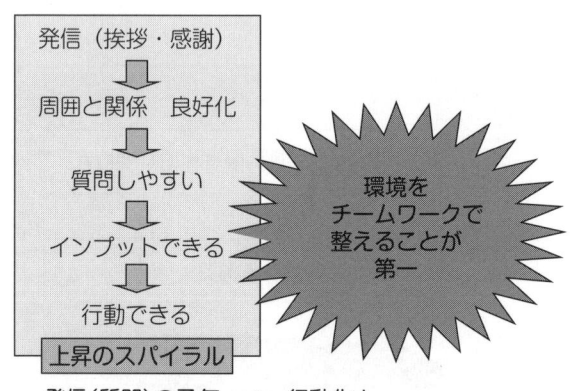

図1.7　コミュニケーションの上昇のスパイラル

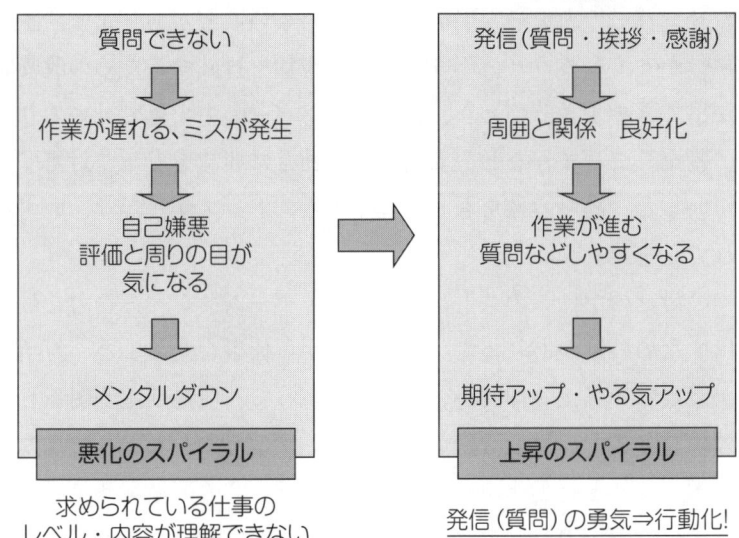

図1.8　コミュニケーションスパイラルの改善

必要があります。受信者側は、指示を受けても疑問が出てくるときは、「そこまで具体的に指示をされたのだから、質問をしたらわかっていないと思われる」と質問を躊躇するかもしれません。そういうときは、安全帯の長さや、フックをかける位置、固定の方法などを質問することでスリップを防ぎ、改善が行われるようになるのです（図1.8）。

1.3　改善活動の重要性と発展性

(1) 心の好循環サイクルに最適な改善活動

一人の力で成し遂げられないことでも、二人、三人と共感者をつくり、関わる人が増えることで知恵を出し合い、達成することがあります。個人商店になりがちなコミュニケーションが不足した現場では、

第1章　これからの改善活動に必要なもの

チームメンバーの力を最大限活用できていないことがあります。誰でも壁にぶつかってしまうと、不安や不満、現状を打破するための改善願望などが出てきます。そのとき、チームメンバーの中で見て見ぬふりをしたり、蓋をしてしまうなど、周囲の心の動きに興味をもって対処できない人がいると、高い意識をもった人ですらストレスがかかり、いずれはつぶれてしまいます。

日々の対話の中にこのストレスをとり、チームメンバーの力を最大限引き出すための鍵があります。対話しながら仕事をすること、対話そのものが楽しいと思える仲間がいることによって、職場風土が明るく楽しいものになります。対話活動からスタートする心のつながりで高みをめざす意識づくりと行動化のサイクルを、私は「心の好循環サイクル」と名づけました(図1.9)。このサイクルについては、第4章で詳しく解説します。

対話をする場を考えたときに改善活動の果たす役割はとても大きなものです。後述するモチベーションのメカニズムで説明しますが、人は評価されないと、モチベーションアップどころか維持することすらできないのです。人材育成システムを構築するためには、ちょうどよいタイミングで対象の仕事や現状を適格に評価するしかけやしくみが不可欠です。

自分たちの取組みや事例を大勢の人に知ってもらうために発表し、それが評価される。そうです、QCサークル大会はこの条件をすべて兼ねそろえた、とても価値のある人材育成システムといえます。

〈ポイント〉

モチベーションのアップ、高い意識をもち、「輝いている人」を発掘、成長させるためには……

発表の場・評価の場が大切

∥

QCサークル大会はとても価値がある

1.3 改善活動の重要性と発展性

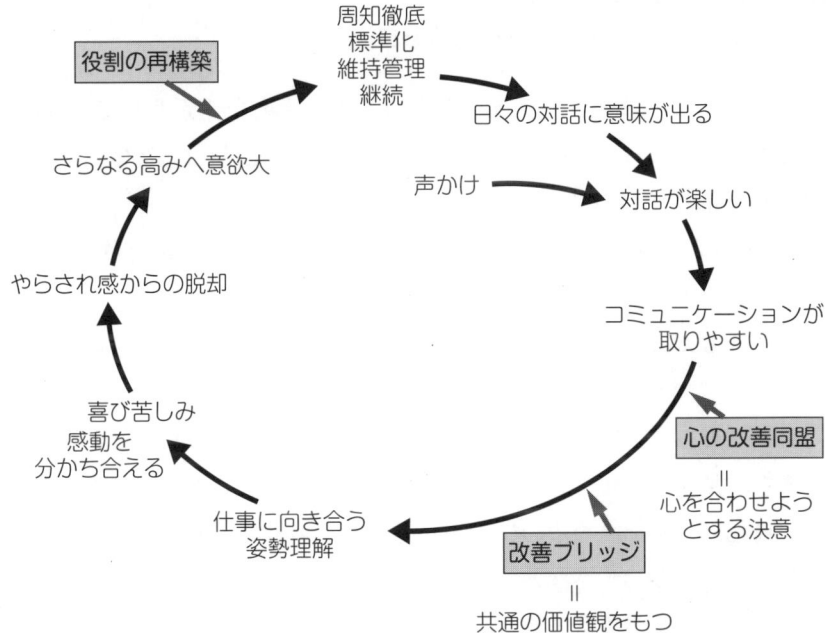

図1.9 心の好循環サイクル

(2) 心理学的にも効果的なQCサークル大会

　改善事例などを発表するQCサークル大会を拝見していると、心理学の専門家からしても、これは効果的なわけだ、と感心させられる点がたくさんあります。自分たちの取組みを発表し、それを第三者に評価してもらえる。発表のためには取組み自体を工夫するのは当たり前ですが、より多くの人たちに自分たちの抱える問題点、試行錯誤や成功体験をわかりやすく伝えようと、アウトプットに工夫を凝らします。この発表資料をつくるだけで、職場では垣根を越えた会話が交わされるはずですし、一つの目標に向かってみんなでやり遂げるという「ベクトル合わせ」も自然にできてきます。

（3） モチベーションを高める自己効力感

　心理学には、モチベーションを高める際に必要な要素として、「自己効力感」を高める、という考え方があります。自己効力感とは、カナダの心理学者であるアルバート・バンデューラ氏によって提唱された、「人は自分ができそうだと思った行為に対しては積極的に行動できる」という考え方です。カウンセリングやメンタルトレーニングでも広く用いられる考え方なのですが、自己効力感を高めることは、そのままモチベーションアップ、個人の成長、組織の活性化に直結します。

　自己効力感は、主に以下の4つの要素によって高められるといわれています。私がQCサークル大会を拝見して最初に感じたのは、この大会こそ自己効力感を高めるのに最適な方法だということです。

① 制御体験

　自己効力感を高める一つ目の要素は、制御体験の中の「成功体験」です。さまざまながまんや努力をして自分で取り組んでうまく行った経験や体験を経た人は、すでに自己効力感が高まった状態といえます。改善活動でどんな小さな成功でも体験し、できたことを認識することで、自分にはできるのだという自信をつけることができます。

② 代理経験

　二つ目は「代理経験」です。自分の経験したことでなくても、他の人が達成したこと、成功した様子を目にする、または追体験することで自己効力感を得られるといわれています。QCサークル大会は発表者＝観客でもあり、さらにいえばQCサークル大会という共通の旗印の下に集った仲間なのですから、感情移入や疑似体験、共感をしやすいことはいうまでもないでしょう。

③ 言語的説得

　三つ目は「言語的説得」です。言語的説得は、本来は言葉で「君には能力がある」などと自己評価を高めるために他者が声かけをすることを

指しますが、チームで発表に取り組み、自分たちの成果が公の場で評価を受けるQCサークル大会は、評価や感想を通して言語的説得をしてもらうことで、「われわれはこれでよかったのだ」と再認識し、チームの自信につなげることができます。言葉になることで思考が整理され、自分たちが達成したことの価値や成果が認識しやすくなるのです。

④　生理的情動的状態

四つ目として、生理的情動的状態といわれていますが、その中で、私は「心身の安定」という要素を挙げたいと思います。

心身の安定なくしては、思いを形にできないと、改善活動を通じて体感することができます。

(4)　チームのモチベーションを高める方法

個人のモチベーションを高めると同時に、仲間とともに目標を達成するために、気にかけなければいけないのがチームのモチベーションです。個人の発信から波及する好循環のサイクルの他に改善活動の小集団のようなチームを効率よく成長させる方法についても考えていきましょう。

1）チームの状態を知る

改善活動を全社的に見たとき、推進者の立場から見てうまくいっているチームと、問題は抱えていてもこれからよくなりそうなチーム、コツや方法論に刺激を入れなければいけないチームなど、チームによってその時点での評価はさまざまだと思います。いくつもチームがあれば、うまくいくところといかないところが出てくるのは当たり前のことなので、それ自体は心配する必要はありませんが、この状態をそのまま放置してしまうと、「評価されていない」と感じたチームのモチベーションダウンが起きてしまいます。

2) チームの現状を分類する

　意識の高いチームと、まだ活動の要領をつかんでいないチーム。この2つだけを見ても、まったく同じ方法でアプローチするのは無理があります。推進者やプロジェクト全体の統括者の方にお勧めするのが、各チームの現状を把握して分類することです。分類方法を表1.1に示します。

　これらは、各群のチームメンバーにこうあってもらいたいという願望から命名しました。便宜上使用した言葉で、エース群がよくてネバーギブアップ群が悪いというような表現に見えるかもしれませんが、これはあくまでも現状を表したものなので、最終的な評価指標とはまったく別物と考えてください。この段階であえてエース群からネバーギブアップ群まで分類したのは、それぞれに合った成長法、アドバイスを送るためです。とはいっても、エース群にはこれ、ステップアップ群にはこれと個別に対応するわけではありません。相手が集団になっても好循環サイクルが重要なことには変わりありません。この場合一番大切なことは、図1.10のように、エース群の高い意識をより高いレベルに押し上げる、または高いまま維持することです。

3) エース群の高い意識を全体に波及させる

　エース群の意識をキープできれば、ステップアップ群はエース群に離

表1.1　活動レベルごとのチーム分類

分類	特徴	活動レベル
エース群	高い意識をもち、活発に意見が飛び交うチーム	高
ステップアップ群	意識はもっているものの、なかなか成果が上がっていないチーム	中
ネバーギブアップ群	改善活動のノウハウやコツをつかめず、苦戦しているチーム	低

エース群：高い意識のサークルを**維持**させる

ステップアップ群：エース群に遅れてはいけないと思う

ネバーギブアップ群：徐々に波及（QCのコツ、やり方がわかる。自信・行動）

根気よく継続＝組織文化改善（大きな力へ）

安全　　品質　　健康　　生産性

図1.10　高い意識による効果の波及

されまいとさらに工夫をするようになります。ネバーギブアップ群は、コツややり方さえつかめれば、徐々に成長していくはずです。

　ネバーギブアップ群の遅れを心配するあまり、なかなか成果の出ないネバーギブアップ群に合わせて活動の方針を決定してしまったらどうなるでしょうか？　エース群は自分たちの成果が正当に評価されていないと感じ、はじめは高かった意識が低下し、ステップアップ群もネバーギブアップ群のレベルのことはできている、と考えて停滞してしまうでしょう。

　とはいえ、エース群だけに注力してしまうのも問題です。意識の上ではエース群をしっかりと評価し、改善活動全体を引っ張っていってくれるように働きかけつつ、ステップアップ群、ネバーギブアップ群へのケアを推進者や管理者が行います。ステップアップ群、ネバーギブアップ群に対する働きかけで重要なことは、推進者、管理者が「しっかり視ている」ことです。どんな小さな変化にも敏感に気づき、それを評価してあげる。なぜうまく行かないんだ、と叱責するのではなく、どんな工夫をしてできたのか、とまずできたことを評価してあげることが大切です。

　エース群がつくり出した高い意識がもたらすプラスの環境要因をうまく伸ばして、組織全体に波及することができれば、安全、製品の品質、働く人たちの健康、生産性といった多岐にわたる好循環が、いたるとこ

ろで生まれるはずです。さらに言えば、エース群の水準を高め、それが組織全体を引き上げることになれば、「組織文化」や「企業風土」として組織に強力に根づき、ときに成長や変化の妨げになるものを改善する大きな力になる可能性も高まるのです。

　ステップアップ群、ネバーギブアップ群へのアプローチでは、注意事項が1点だけあります（**図 1.11**）。高い意識をもたずに活動を始めてしまうチームのなかには、改善活動やQCサークル大会への参加自体が目的にすり替わってしまうサークルも少なくありません。エース群が「意識が高い」と評価される理由は、サークル活動のための活動ではなく、どんな課題に対してもそれが日常の業務改善を目的にしたものだという意識を念頭に置いて活動しているからです。ステップアップ群、ネバーギブアップ群の状態にあるサークルは、特に本来の目的を忘れないように導いてあげる必要があります。

　私の考える改善活動の最大の魅力は、「人を育てる、可能性を広げる」ことと、活動を行っていくなかで、メンバー一人ひとりが「自ら学び、考えるようになる」ことです。自発的に物事を考えられるようになった人は、必ず今よりもっと成長できます。工夫する思考力をもった人は、目の前の仕事に追われるのではなく、より広い視野で創造力とリアリティをもって仕事に臨むことができるようになります。例えばある製品の製造に携わっている人が、「この生産ラインの先に製品を手に取るお

「QCサークル大会のための」活動は

「日常の業務改善のための」活動が

⇩

目的を忘れると、QCサークル大会がただのお祭りに…

図 1.11　ステップアップ群・ネバーギブアップ群への注意事項

客さまがいるんだ」という事実を、リアリティをもって受け止められるようになったとします。工場内では日々効率を上げるため、不良を出さないために改善活動が行われていますが、そこに製品を受け取る人という視点が加わったら、その活動は「工場のためのもの」から「製品を受け取る消費者のためのもの」という本質的な活動に変化していくでしょう。仮に工場で働くすべての人がこうした心をもって作業をしていれば、そもそも不良が起きる余地がずいぶんと少なくなりますし、職場環境も働いている人たちにとって刺激的で、なおかつ心地よいものになるはずです。

(5) モチベーションのしくみを理解する

やる気があって当たり前、モチベーションがあって当たり前、仕事はつらくて当たり前。こうした考え方が通用しなくなって、ずいぶん時間がたちます。私のところにも、若手とベテランのジェネレーションギャップや仕事に対する価値観の違いで悩んでいる、という相談がずいぶん寄せられます。ベテランは若手をどう教育したらよいかわからず、若手はベテランにはじめから色眼鏡で見られているのではないか、と疑心暗鬼になっています。

チームを動かすには、人の心を動かす必要があります。では、人の心を動かすには何が必要でしょうか？　以前は安定した賃金、一生働ける職場の確保、将来の保証などが働く人たちの活力源になっていましたが、不況が続き雇用が不安定化している現代では、誰もが安定した未来に希望を託すことができないと感じている人も多いでしょう。モチベーション高く働いても生活の安定が保証されない今だからこそ、改めてモチベーションの意義に目を向けるべきなのです。もしあなたが改善活動のリーダーならば、メンバーの心を動かす必要があります。また、改善活動の推進者は、まずリーダーを動かし、改善活動全体を活気づけなけ

第1章 これからの改善活動に必要なもの

ればいけません。では、人の心はどうやったら積極的に動いてくれるでしょうか。

　組織全体を盛り上げるには、まずその組織を構成するメンバー一人ひとりの心の動きに着目する必要があります。業績を伸ばしている企業、成果を上げている会社、不良の少ない工場などに共通しているのは、働いている人たちが自分たちの仕事に自信をもち、また職場内でも適正な競争原理が働いていることです。私はこうした状態を、「心がノックされている状態」、「心に火がついている状態」と呼んでいますが、人を動かすにはそれなりの熱量が必要です（図1.12）。若手を叱咤する先輩の存在や、ふとした飲み会での指導や経験談など、一見すると泥臭く、古くさく思える手法がモチベーションアップに貢献する例がありますが、それは物事を動かすリーダーが、熱意をもってメンバーに働きかけた結果だともいえるのです。

　だからといって、やみくもに熱く関わり続ければよいかというと、リーダーが熱くなればなるほどかえって冷めてしまう人も少なくありません。偶然や経験、個人の資質に頼るのではなく、モチベーションのアップダウンのしくみを理解し、できるだけ多くの人の心をノックし、心に火をつける方法を探る必要があります。

　私がさまざまな現場からSOSを受信して職場環境の問題に取り組ん

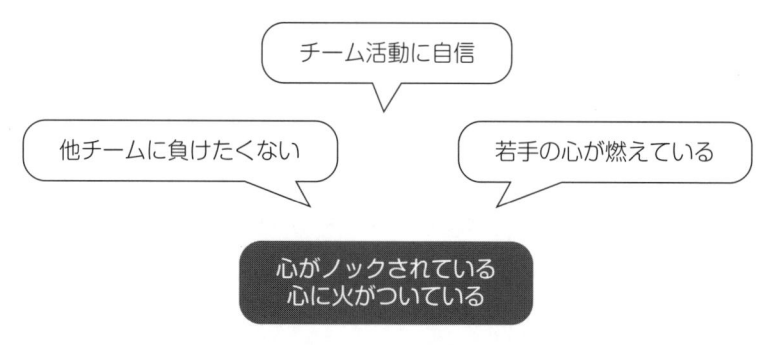

図 1.12　心が動く状態

できた経験から言えば、端からやる気がない人はほとんどいませんでした。元々高い意識をもっていた人が、何らかの理由でその意識を下げざるを得ない状況になり、やがて「どうせ俺なんて／私なんて」とモチベーションを失っていく、というケースがほとんどです。

図 1.13、図 1.14 はモチベーションのしくみを表したものです。どんなに高い意識をもって仕事に臨める人でも、周囲から興味をもたれなければ、自分の仕事に確信や誇り、充実感がもてません。そうなると、評価されることに期待しないようになり、「人知れず頑張っている」という状態になります。ここからは個人差がありますが、人知れず頑張るのには必ず限界がやってきます。いつか報われると信じてやっていても、誰からも評価されなければ、高い意識の継続は困難になり、やがて頑張ることをやめてしまいます（意識の維持の限界）。ここからモチベーションは下降の一途を辿り、周囲に悪い影響を与えるほどの存在になってしまう可能性もあります。

つまり、図 1.13 は典型的な悪循環サイクルで、元々高いモチベーションをもって仕事に臨もうとしていた大事な戦力を、組織自らマイナス方向に引っ張ってしまっている状態を表しています。こういう風に言葉にすると、何か特殊な職場環境のように聞こえますが、自分では精一杯努力していたつもりなのに、誰からも評価されずにがっかりし、諦め

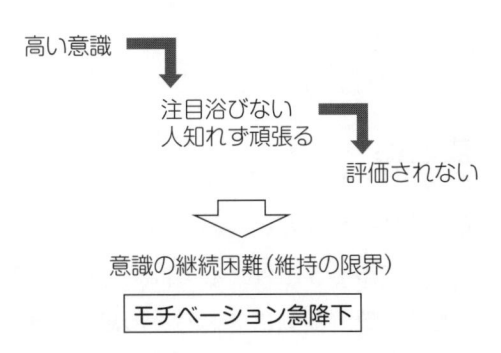

図 1.13　モチベーションが下がるしくみ

第1章　これからの改善活動に必要なもの

```
        モチベーション急上昇
          さらなる高みへ
              ⬆              自分たちでも
                             再評価
                 評価される
         注目浴びる    ⬆
                ⬆          しくみ・しかけが必要
  高い意識
        ⬆
```

図 1.14　モチベーションが上がるしくみ

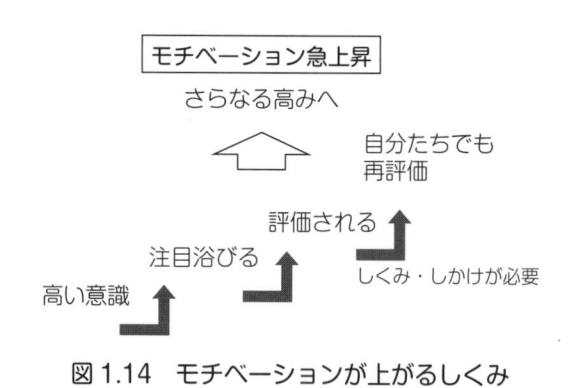

の気持ちに陥ったという経験は、多かれ少なかれ誰にでもあるのではないでしょうか。

　一方で、モチベーションが上がるという現象は図 1.14 のようなメカニズムで起きています。

　高い意識をもった「可能性の卵」を見逃さず、まずその意識を評価して、引き上げてあげる。評価されればさらにモチベーションは高まり、やがて自主的にやる気を高めて仕事に臨むようになる。その状態を自らが再評価し、過去の自分との違いを見つめられれば、自信が湧き、さらなる高みをめざすことができます。

　一歩進んで人材育成の中で「心」に着目し、対話を通じて評価できる関係性を築かせることで、素直で高い意識を持続させ、高めるという好循環に導くことができます。

1.4　まとめ

　本章では、改善活動に欠かせない人の心の動きについて言及してきました。チームメンバーでつくり上げた心の向く方向（目標）を共通の言語として置き換えたとき、改善活動にメンバーの思いが重なり合い、よい効果が生まれます。そして、目に見える結果である有形効果のみなら

1.4 まとめ

ず、仕事への向き合い方が変わるなどの無形効果が育まれ、人が育ち職場風土を変える力があることを伝えてきました。

　人の心の動きにはコミュニケーションの行き違いがつきものです。そこをどう対処していくかのヒントとして、スリップやワーキングメモリのメカニズムを理解することが重要なカギとなります。ものごとを伝えるとき、事柄・感情・意見を伝えて、ワーキングメモリの働きを促します。ものごとを受け止めるときには、自分なりに考えるというフィルターを通じて、伝えられている情報を意識化し、問題点はないか、目標はどこをめざすのか、行動の意味は何なのかを腹落ちさせ、これでよいのかを相手に確認質問することがポイントとなります。それこそがスリップやコミュニケーションの行き違いを防ぐことにつながるのです。

　コミュニケーションの行き違いを防止し、対話力を上げていくと、チームに心の好循環サイクルのきっかけができあがります。しかし、チームが高い意識になればなるほど、その維持・継続が難しくなります。チームのモチベーションを維持させるためには、QCサークル大会の発表などのように、会社としてよい部分と足りない部分を評価するしくみ・しかけをつくると効果的です。さらに、日常的に対話を通じて評価できる関係性を築くことで個々人の意識が変わり、組織全体の底上げにつながります。

第2章

チーム力と人づくり

第 2 章　チーム力と人づくり

2.1　三現主義が生み出す解決力

（1）三現主義で本質にメスを入れる

　これまで私は多くの企業で組織づくりに関わる講演やセミナー、サポートプログラムの構築をお手伝いしてきました。その際に心がけているのは、「まず現場を感じる」ことです。私はまず可能な限り現場に入り込んで、そこで働いている人たちと実際に触れ合ってから方針を決めるようにしています。

　図 2.1 は、実際に私が現場に赴いた際のものです。これはある企業の、金が含まれる鉱石の採掘現場で撮った写真です。現場、現物、現実の三現主義をモットーとする私は、どんな現場でもヘルメットをかぶり、積極的にその職場に入っていきます。現場が受け入れて技術を使いこなし、行動変容を促す提案をするためには、机上の空論ではなく、その中に入って問題の本質を見極める必要があるのです。

　私の行動の元になっている認知心理学は、認知の働きを情報処理の観点から研究している学問です。みなさんは人間の心はどこにあるとお考えでしょうか？　多くの人は胸に手を当てるもしれません。頭を指して「心は脳がつくり出している」と答える人もいるでしょう。こうした答えからもわかるように、心は具体的な器官や臓器を指す言葉ではありま

品質改善意欲向上
安全文化醸成
メンタルヘルスケア向上

図 2.1　現場で感じて構築する

せん。しかし、確実にあると感じているもので、人間という存在を考えるときは無視できないものです。

　感情や心はとても曖昧なものとして捉えられているので、従来の改善現場、工場の生産性向上や不良を出さないための規則づくりでは、「不確定要素」として排除されてきました。ところが、人間は視覚や聴覚をはじめとする五感や現在の環境の情報などを総合的に読み取り、自分が置かれている環境に適応しようと行動します。「曖昧で不確定なもの」として排除するか、「人間だけが認知できる有効なもの」として活用するかによって、行動を改善するためのアプローチは大きく変わってくるのです。

(2) 何を変えたらよいのか

　図 2.1 の鉱山は、一歩足を踏み入れただけであらゆるルールが徹底されているのがわかる、とてもよい現場でした。構内の空気まできれいで、世界の高レベルクリーン鉱山として表彰されたと聞いています。教育はしっかり行き届いており、安全担当者にお話を伺ってもメンタル疾患で悩んでいる人はほとんどいないとのことでした。教育担当者は私に、「さらに教育を充実させて、よりよくしたいんです」と語ってくれました。

　問題だらけの工場や根本的な何かを間違えて行動してしまっている現場は、立て直すまでに時間がかかり大変なのですが、よい現場をさらに改善していくのは、とても難易度が高いミッションです。すでにうまくいっている現場をさらにステップアップさせるためには、どこをめざすかを明らかにし、できていることを確認し、着実に継続するという、当たり前のことを当たり前に行動する、さらにステップアップのために知恵を出しやすくするという風土をつくることが必要不可欠となります。このことを学ばせてくれたのが、自分たちの現場を世界一クリーンな鉱

山にすると大志に燃えていた鉱山で働く人の姿勢でした。

　私が進んで現場に赴くのは、現場の人々の仕事への向き合い方や困りごとを知りたいという理由と、私自身がそこで視て、触れて、感じた「生きた情報」をもとに、改善のキーワードになる「何か」を見つけたいという二つの理由があります。

　「何か」には、従来の「何か問題を探す」というアプローチだけではなく、「できているよいことを探す」、「当たり前のことを確実に行って工夫を探す」というアプローチが加わっています。私はこれを「コミュニケーションパトロール」と呼んで、安全パトロールと同じくらいの重要度で皆が交代で行えるように推進しています。これを加えることで、職場で見落とされているダイヤモンドの原石＝キラキラ輝く人の行動を再確認することができるからです。よい行動をしている本人も、あまりそれを意識していないことも多く、水平展開されないで職場に埋もれていることも多々あります。よいことを共有し、水平展開できる組織になれば、一気に職場の風土は明るく変わります。悪いこと、できていないことに注意や時間を割くことは必要ですが、当たり前のことを着実にできるコツ、よいことを考え出すコツ、いわば考え方の角度を共有することを習慣づけることは、悪いことを直そうとするマインドを共有するコミュニケーションの練習になるのです。

　普段から意思疎通がはかれない組織では、問題が発生したときだけのコミュニケーションは通用せず、結果が出せません。普段から改善意識の高い会話を試みることが必要です。この対話こそが、職場風土改善の一歩となり、現場の改善チームに力を与えるのです。

　また、「一人の天才のみでものづくりは支えられない」、現場でご苦労され大きな一歩を踏み出した人は、心からこの言葉を口にします。ものづくりは一人の天才の力だけでは完結しません。そこで重要になってくるのがチーム力です。

(3) 品質向上意欲のメカニズム

ものづくりの現場で不良を出さないことを徹底し、さらなる品質向上を目標に据えた場合、どんなに意識の高い人がたくさんいても、お互いが個人プレーに走っていては、個人の能力＋個人の能力という単純な協力関係すら成り立たなくなります。

私が薦めるチームづくりでは、それがどんな手法であれ、共通のベクトルに向けてチームの構成員全員の意識をそろえる目標設定に重点を置いています。それさえできれば、あらゆる活動がチーム全体で行えるようになり、個人の出力とは比較にならない、個人の能力×個人の能力という形の相乗効果が、チーム内のいたるところで自然発生的に起こるようになっていくのです。

図2.2 は、私が実際に現場を見て感じた品質向上意欲の高い組織で共通して行われている意欲向上のメカニズムを図式化したものです。

個々人が一人ひとり考え方を調整し、納得するプロセスを通り、共通の目標、ベクトルをもち、そのベクトルの指す方向に向かって共通のルールに沿って動くことで、本当の意味でのチームができます。ルールに沿う際、以前のやり方（ルール）から変えるときは、そこに「不安」というハードルがあることを肝に命じてください。不安を口に出せる環境を整えることを第一に考えることで、そのチームが一つになって有機的に機能します。その後、それぞれの作業に落とし込んでいっても対応が向上し、歯車がかみ合って状況が改善されていくのです。こうしたチームは、学び合う意識の高い、知的生産性の高い組織といえるでしょう。

個人がチームの一員として力を発揮するための原動力の一つが、「人への興味」です。核家族化が進み、生まれたときからネット環境が整備され、メールやメッセージアプリで会話をするのが当たり前になっているデジタルネイティブ世代が社会に出るようになって、ますます深刻度を増していると思われがちな世代を超えたコミュニケーションの差です

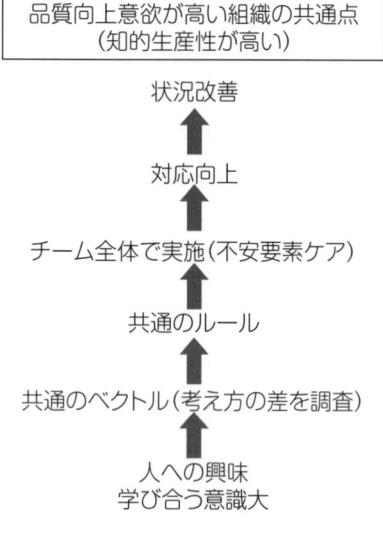

```
        品質向上意欲が高い組織の共通点
             (知的生産性が高い)

              状況改善
                ↑
              対応向上
                ↑
       チーム全体で実施(不安要素ケア)
                ↑
             共通のルール
                ↑
       共通のベクトル(考え方の差を調査)
                ↑
              人への興味
            学び合う意識大
```

図 2.2　意欲向上のメカニズム

が、その世代をチーム員に取り込み、お互いに興味をもたせることは十分に可能です。人への興味が学び合うきっかけとなってチームへの参加意欲をかき立てることは間違いありません。

図 2.3 は、品質向上意欲の低い組織の共通点を示したものです。人への興味を喚起する有効な手段が講じられなかったために、ともに学び合い、高め合う環境が構築できないと、結果として個人がどんどん孤立していき、考え方が偏る心の視野狭窄が起きてしまいます。ここまでくれば、生産性にどんな影響を及ぼすか、みなさんにもおわかりいただけるでしょう。

品質向上意欲の低いチームでも、強烈なリーダーシップをもつ個人が帳尻合わせを行い、表面上はうまく行っているように見えるチームもあります。しかし、チームが一人の天才や意識の高い個に依存している状態は、技術的にも心理的にも健全とはいえません。日本のものづくりの大きな課題としてしばしば取り上げられる社員の技術継承問題も、突出した個に任

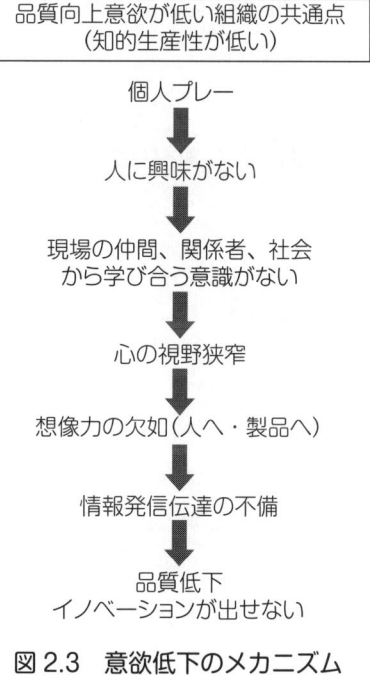

```
┌─────────────────────────┐
│ 品質向上意欲が低い組織の共通点 │
│    （知的生産性が低い）      │
└─────────────────────────┘
            ↓
        個人プレー
            ↓
       人に興味がない
            ↓
   現場の仲間、関係者、社会
   から学び合う意識がない
            ↓
       心の視野狭窄
            ↓
   想像力の欠如（人へ・製品へ）
            ↓
     情報発信伝達の不備
            ↓
        品質低下
   イノベーションが出せない
```

図 2.3　意欲低下のメカニズム

せきりだったことによる影響は無視できないでしょう。チームを効果的に動かすためには、個は個で尊重しつつ、チームとしての力やチームの知的生産性に目を向けることも求められます。

　ここで気をつけてほしいことは、チームに目を向けることは、突出した個、能力の高い個を平均化、均質化することが目的ではないということです。日本人は集団で力を発揮しやすい気質があるといわれています。一方で、日本人はチームワークを大切にしようと言いつつ、能力を高めるために努力をしている個人や高い能力をもった個人に対して、チームの平均値に合わせることを要求しがちです。これは明らかな間違いです。一人の天才ではものづくりは完結しませんが、天才をないがしろにする組織では天才を活かすことはできず、それどころかその組織からは天才は生まれづらくなります。チーム全体が一つの目標を見据え、

第2章　チーム力と人づくり

全員が最大出力でそれに向かって邁進できる環境づくりなくしては、チーム力の向上はあり得ません。

2.2　改善活動が生み出すチーム力

(1)　改善活動の無形効果

　ここまで、チーム力について解説してきましたが、改善活動は、チーム力向上の要件をすでに満たしている活動といえます。管理職がリーダーになって引っ張っていくのではなく、若手がリーダーになり、周囲に助けられながら成長していきます。改善活動は、現場での実務だけでなく、人間関係や職場環境、職場風土にも目を向けて、マニュアルや就業規則では取り扱わない働く人の「心」にアプローチしようとするうえで重要な活動であると私は考えています。

　表2.1は、改善活動の代表的な無形効果を挙げたものです。無形効果とは、具体的な品質改善の効果金額や不良数の減少など、直接的な業務改善の効果である有形効果に対して、職場環境の改善や業務への意欲向上など、間接的に好影響を与える効果のことです。

　多くの組織では、この無形効果を改善活動の副産物という捉え方をしています。これはとてももったいないことだと思うのですが、成果を上げているサークルでも、当事者たちが改善活動によって何が変わり、ど

表2.1　改善活動の代表的な無形効果

チームワーク力	改善意識
発信力	活動参加
若手の意見が出る（成長）	問題意識
他部署連携	解決スキル　　　など

うして職場環境が改善されたのかを論理的に説明できないのですから、それらを「偶然の産物」と捉えるのも無理はないのかもしれません。

しかし、表2.1で挙げたような無形効果を、業務改善の副産物としてではなく、業務改善のために有効な手段として、意識的に高めることができたらどうでしょうか？

無形効果を高めることによって、仕事の楽しさや働きがいを見つけることなど、従来の方法では高めるのがむずかしかった心理面にアプローチできるようになります。さらにそうした効果によって、チームのメンバー全員が有形効果に影響のある自発的な行動をとるようになれるのです。

(2) 無形効果の恩恵

無形効果の最大の恩恵は、図2.4で示すように、自発的な行動が生まれることです。無形効果がどう働きかけて自発的行動を促すかについてはもう少し説明します。

図2.5は、無形効果を意識的に高めた際の各人に起こり得る変化を表したものです。

改善活動を行う際の課題としてよく挙がる「意見が出ない」、「遠慮し

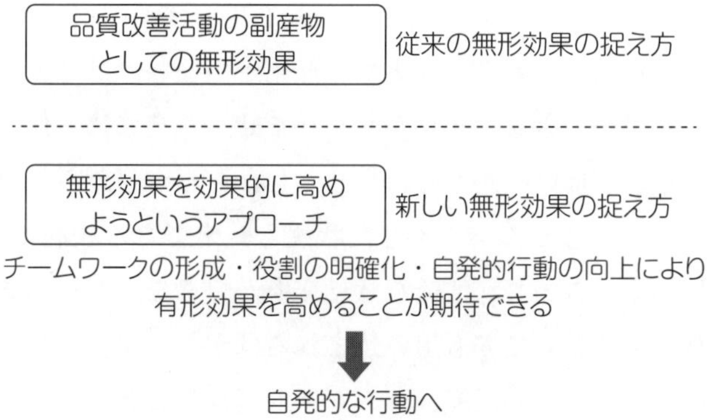

```
┌─────────────────────┐
│ 品質改善活動の副産物  │   従来の無形効果の捉え方
│  としての無形効果    │
└─────────────────────┘

---------------------------------

┌─────────────────────┐
│ 無形効果を効果的に高め │   新しい無形効果の捉え方
│ ようというアプローチ  │
└─────────────────────┘
 チームワークの形成・役割の明確化・自発的行動の向上により
       有形効果を高めることが期待できる
                  ↓
              自発的な行動へ
```

図2.4　無形効果の捉え方

第2章 チーム力と人づくり

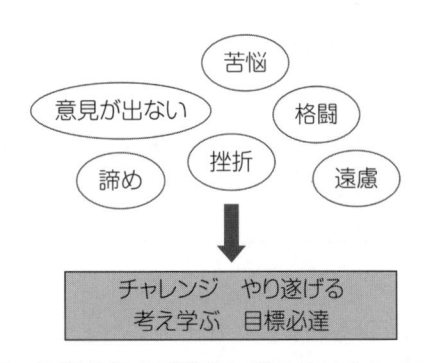

```
        苦悩
意見が出ない   格闘
    諦め  挫折  遠慮
              ↓
    ┌─────────────────────┐
    │ チャレンジ  やり遂げる │
    │ 考え学ぶ    目標必達   │
    └─────────────────────┘
```

図 2.5 無形効果を意識的に高めることによる変化

てしまう」などの問題点が、無形効果の強化による好影響で解決に向かい、「チャレンジ」、「考え、学ぶという思考」に変換されていくのです。

　もしあなたが改善活動のリーダーで、「なかなか意見が出ない」と悩んでいるとしたら、活発な意見交換を実現させるためにどんなアプローチが考えられるでしょうか？　有形効果だけにとらわれていると、「意見が出るようにするためにはどうしたらよいか？」、「意見が出ない」という現象面だけに固執してしまいがちですが、視点を変えて無形効果＝チームワークに目を向けてみると、新たな気づきがあるはずです。

　「意見が出ない」とはどういうことでしょうか。ここで、チームのメンバーが意見が出せず困っているとします。こういう場合は、意見を出してほしいという立場ではなく、意見を出しにくいと感じているメンバーの心に寄り添って考えてみます。意見が出ないのは意見がないからではなく、質問ができないからかもしれません。それは、何かを言ったら否定されるのが怖いのかもしれませんし、もしかしたら先輩に遠慮しているのかもしれません。こうした状況も想定できる状態で、「もっと意見を出してください」、「活発な意見交換ができないと進みません」などとメンバーをせき立てても追い込まれるばかりです。

　こうした問題はどこの組織、チームにも起きることですが、それを改善するために最も有効だと思われる無形効果であるチームワークの強

化、チーム力の向上についてもう少し詳しく見ていきましょう。

2.3 組織を活性化するチーム力

　私はチームビルディングの専門家として、さまざまな企業や団体にチームワークの重要性、チーム力の向上によって広がる可能性について話をしてきました。チームワークを高めるためには、方法論の概要を聞きかじっただけでは成果を上げることができません。チームワークの有効性を理解したうえで、確立された手順に基づいて実践をしていかなければいけません。

　そこで重要になるのがチームをつくるためのプロセスです。改善活動にも長い間蓄積されてきたQCサークルづくりのプロセスがありますが、同じようにサークルをチームとして捉え、チームづくりのプロセスを一度見直してチーム力を強化していく技法が存在します。私がチーム力強化のコンサルティングを行う際には、フィンランドで開発された、さまざまな分野で実績のあるリチーミングという技法（第3章で解説）を用いています。チームの総合力、チームワークを高めるためには、再現性のあるしっかりとしたプロセスをもったチームづくりが必要なのです。

　私は以前から、ものづくりの現場の他に、スポーツにも体系化されたプロセスに則ったチーム力強化の考え方が有効だと考えていました。そんな矢先、実業団駅伝の名門である旭化成陸上部から、メンタルトレーナーとしての業務依頼を受け、2005年から2009年まで関わりをもたせていただきました。この間の旭化成陸上部の主な成績は以下のとおりです。

- 2006年　ニューイヤー駅伝8位入賞
- 2007年　ニューイヤー駅伝2位
- 2009年　トップと1秒差の3位

この時期のメンタルトレーナーとして、チームの総合力を引き出す手法として、日本で初めてフィンランド式リチーミングというチーム力強化の手法を導入しました。もちろんこの手法のみで上記の結果を導けたわけではありませんが、ゼロを1に変えるきっかけ、選手たちの思考を切り替えるスイッチになったと信じています。チームがベクトルをそろえて目標に向かうとき、一人では出せないような大きな力が出せるようになります。

旭化成陸上部では、エースの選手が不在でもチームのメンバーがお互いを高め合い、最終的に結果を出せるチームをめざしました。そのときに強く意識し、理解してもらったのが、**表2.2** のチームワークが必要な理由でした。チームワークがどのようなときに効果を発揮するか、監督・コーチ・選手が腹落ちをした状況でチームワーク力強化のプログラムに取り組んだのです。

その後、選手にヒアリングを行ったところ、「リチーミングを行い、チームワークがよくなった結果として、チーム内での問題行動の課題抽出も、チームメンバー同士が他人を責めず、よくなることをめざして自ら思うことを話し合うことができました。そして、チーム一人ひとりが今何をすべきかその役割を理解し、チームが勝つための体づくりとして、好き嫌いをなくすべく、自分の食生活を見直したり、今まであまり意識していなかった早朝の練習のウォーミングアップを念入りにこな

表2.2　チームワークが必要な理由

課題抽出時	みんながよくなろうとしなければ課題すら発言されない。攻めどころが腹落ちしない
情報共有時	人に伝えたいと思わなければ情報は伝わらない
役割分担時	嫌々ながらの役割分担ではやらされ仕事となる。自分が役に立ちたいと思えば即実行し次のステップに進める
活動時	チームとして喜び・感動を分かち合えて初めて苦労が楽しく感じ、維持・継続できる

し、チームのために1秒でも早くバトンを渡すためのコンディションづくりを行うようになれた」と話してくれました。

　駅伝は、個人競技が主である陸上競技の中で、ある意味異質な存在です。優秀な選手一人で優勝はできませんし、持ちタイムや個人記録が上回っているからといって、チーム成績が上位に来るとは限らないのです。

　私は、駅伝はタイムや才能だけでは勝負が決まらない競技だと考えています。一人の天才ではものづくりは成功しないのと同じです。一人ひとりが自分の底力を出し切れるかが勝負となります。だからこそ、チームの心のベクトルを、メンバーが腹落ちする形で合わせてチームのために働こうとする意識を高めることが必要だと思うのです。スタープレイヤーが存在しなくても勝てるチームに変わることはできるのです。第3章では私がコンサルタントとしてチーム力強化を行った際、さまざまな状況で効果が現れたリチーミング技法を紹介します。

第3章

困難に立ち向かえる強い組織をつくる技法「リチーミング」

第3章 困難に立ち向かえる強い組織をつくる技法「リチーミング」

3.1 リチーミングの概要

(1) リチーミングとは

　「リチーミング」(Re-teaming)は北欧の教育大国、フィンランドで生まれた、チームビルディングのための教育プログラムです。

　1980年代のフィンランドは、隣接する大国旧ソ連の社会主義崩壊の混乱によって、失業率二桁が常態化し、自殺者の急増は社会問題になるなど、経済が大きく冷え込んでいました。こうした社会的背景から生まれたのが、精神科医ベン・ファーマン氏と社会心理学者のタパニ・アホラ氏が共同で開発した、チーム再生プログラム「リチーミング」です。リチーミングは、再びを意味する「Re」と、チームを構築する「Teaming」を組み合わせた造語です。

　リチーミングは、現在では世界25カ国で展開され、ヨーロッパではノキアやマイクロソフト、シーメンス、フィンランドエアー、フィンランド財務省、フィンランド郵便局、フィンランド国営石油会社などの世界的な企業でも活用されています。日本では、私が所長を務めるランスタッド株式会社EAP総研がリチーミングコーチ養成の国内唯一の教育機関として認定されており、同時にリチーミング研修のプロバイダーとして旭化成陸上部に日本で初めて導入させていただいた後、地方労働局、研究開発現場、金融機関、医療機関、介護業界、サービス業界、販売業界、コンサルティング業界など、業種を問わず幅広く導入されています。

　これから紹介するリチーミングの講習会では、単にリチーミングコーチの話を聞いてもらう一方通行の教育プログラムではなく、チームの中で対話を繰り返しながら、自分たちが自発的に学び合うメソッドや心のベクトルを合わせるスキルを身につけられる「体感型」の学習を行って

いきます。

(2) 既存の人材でチームを育てるリチーミング

　心理学をベースに、メンタルヘルスケア、ストレスマネジメントの専門家として医療機関や企業でカウンセリング、コンサルティング、講演会などの活動を行っていた私は、一対一の心理カウンセリングでの成果が出ても、職場の風土がよくないと、コミュニケーション上の問題から、再発や悪化が後を絶たないことに悩んでいました。そして、管理職研修などで終了時は頭では理解していても、現場ではなかなか技術を発揮できず、部下の症状を悪化させてしまうリーダーや、周囲を巻き込めないなどの現場が抱える問題が改善されない組織に対して、何とかできないかと考えていました。

　ある特定の層への限定されたカウンセリングや研修、全体に向けた座学形式の講習会では、職場風土まではなかなか影響が及びません。職場風土をつくるのは、組織を構成する一人ひとりのマインド（精神）であり、そのマインドとさらに集団としての機能改善の方法を知れば、カウンセリングや研修の限界を超えられる。そう感じていたときに出会ったのが、教育大国、IT大国として知られるフィンランドで生まれたリチーミングでした。

　精神科医であるベン・ファーマン氏と社会心理学者であるタパニ・アホラ氏が、当時荒廃していたフィンランド国民の心を救うために取り組んだ、国家プロジェクトと言っても過言ではないリチーミングは、問題を突き詰めていく「問題思考」ではなく、「ありたい自分」に向かって明日からの一歩を決めていく「解決志向」を用いたチーム再構築のプログラムです。リチーミングの「リ(Re)」には、

- よいことを再発見してチームで共有する
- 新しいものを創造できる

- 何度も繰り返し同じことができる組織をつくり上げる

という思いが込められています。この要素はチーム力が高まった組織の形を意味しています。

　構成員のマインドが変われば組織もよくなるといわれるように、一人ひとりの目標や成長に目を向けることでチームも同じように成長し、よい組織が構築できます。

　リチーミングの開発者の二人は、決してリチーミングだけで状況を変えたとは言ってはいけない、と述べています。よい方向へ皆の心が向くとき、あの手この手で対策が練られ、実際にフィンランドでもさまざまな変革のテクニックが取り入れられていたのです。

　リチーミングは、チームの中に眠っている"よいもの"を見つけ出して共有化し、これまでチームのメンバー自身でさえ気がついていなかったような、まったく新しい価値をつくり出すことを目標にします。これは改善活動においても有効な考え方です。図3.1に示すように、リチーミングによる効果の結果として、品質改善意欲の向上、安全文化の醸成が促進され、心身の健康状態も改善されるようなよりよい組織、困難に

> メンバー一人ひとりが心を動かし、
> チームワークで環境を改善。
> 組織文化が醸成され、
> さらなる高みが期待される。

リチーミングによるチーム力の強化

品質改善意欲向上　　安全文化醸成

＜リチーミングによる効果が改善活動の成果と一致＞

図3.1　リチーミングによる効果

立ち向かう強い力をもったチームが再構築できるのです。

　リチーミングの中心にある考え方は、解決志向という臨床心理学では比較的新しい技法を取り入れています。解決志向の対にある言葉は問題思考ですが、この2つの考え方を両方使いこなせるようにすることが望まれます。互いに相容れない考え方ではなく、相互補完する考え方として受け止めてください。私は現場で人が関わる問題解決に行き詰まりを感じ、フィンランドまで解決志向を学びに行きました。次節でその解決志向をひもといていきます。

3.2　問題を追究せず、ありたい自分を思い描く解決志向

(1)　問題追究型の問題思考と解決志向

　日本では、企業や組織の業績アップのためには、徹底的に問題の原因を追究する「問題思考」の考え方が主流でした。問題思考の考え方はものづくりの現場では効果を発揮することが多いため、長らく目標達成の方法として用いられてきました。しかし、人の心が複雑に絡み、事態を悪化させているときは、その人となりに原因を追究しても、心が離れていく一方となり、お手上げ状態になることが多いのです。

　品質改善を行う現場では、不具合や問題・課題などに対して「なぜ？」と原因を追究することが基本になりますが、解決志向のリチーミングでは、「なぜ？」という追究の代わりに、「こうありたいという理想像」を追究していきます。原因究明に必要な問題思考と心と行動を理想に向けることで、チームの力を高める解決志向の両方を活用することができれば、現場力はさらに加速するはずです。

　解決志向は、心理療法の一つとして1960年代に始まり、1980年代に

確立されました。それまで長期間継続して行うものとされていたカウンセリングを、3〜6回という短期間で終わらせることができる手法として着目を浴び、今ではカウンセリングにとどまらず、弁護士やコンサルタント、スポーツの監督・コーチが使い、さまざまな分野にその手法が取り入れられています。

(2) 解決志向の事例

　解決志向をさらに詳しく知っていただくために、問題を複数抱えたある家族によい変化が起きたという事例を紹介します。

　ベトナム戦争後、アメリカ社会はベトナム戦争の後遺症に悩まされることになります。さまざまな影響があったと言われていますが、中でも戦闘によってもたらされたストレス反応が引き金となって起きた、帰還兵の家庭崩壊問題が多数発生しました。辛い経験の記憶から逃れるため、麻薬に依存し、暴力を振るう父親、それに怯えながら暮らす母と子ども、それによって発生した母親のアルコール依存、子どもの不登校・傷害などの問題行動。こうした状況を打破すべく、精神科医や各種カウンセラーなどがカウンセリングを行うなど、さまざまな対策がとられていました。

　従来の問題の原因を追究するアプローチでは、麻薬への依存の原因が戦争の辛い記憶から逃れるためだということがわかっても、それらの原因は、本人にとっては自分を辛さから守る行動となっているため、衝動や行動を止めることはできませんでした。戦争の記憶という原因に対して、すぐに対処法があるわけはないのです。そこで、異なるアプローチとして注目されたのが、解決志向のアプローチを用いたカウンセリングです。

　問題を深追いしない解決志向のアプローチでは、まず問題を切り離し、整理することからはじめます。この事例の場合、いったん麻薬依存

についての問題と切り離し、家族関係を調整することからはじめました。そのときも問題を深追いするのではなく、理想を描くことを中心に考えます。

　具体的にはまず、父親、母親、そして子どもに対して別々にアプローチを行います。個々のストレスに対してケアを行った後、子どもであれば両親にどうなってもらいたいか、父親であれば子どもと母親にどうなってもらいたいか、母親であれば子どもと父親にどうなってもらいたいか、とそれぞれ質問をしたのです。ただ、個々人の希望を出す前にはストレス発散を行い、その中で常々心にいだく相手に対するグチも出していきます。このプロセスが、どうなりたいか理想を描く前の重要な工程となります。

　家族それぞれの言葉の中で共通していた思いは、「みんなが笑顔になること」でした。子どもと母親だけが笑顔を欲していたのではなく、麻薬に溺れている父親も、実は「子どもの前で母親を殴りたくない」、「両親の状況によって子どもを苦しめたくない」と思っていました。そして、母親に対しても「できればベトナム戦争以前の関係に戻りたい」という感情をもっていたのです。そして「2人の笑顔が見たい、自分も笑顔になりたい」と願っていました。

　家族をチームとして捉えた場合、諸々の問題をひとまず棚上げして、自由な気持ちで思いを語ると、理想が一致していることがわかったのです。ここから「笑顔をつくる家族」という理想像に向けて具体的な行動が始まりました。

　「では、その理想に近づくためにあなたは明日から何をしますか？」

　家族全員が、自分のできる範囲で理想に近づくための行動を思い描き、笑顔が出るときはどんなときかを考えました。その結果、家族で一緒にご飯を食べることがよいと皆で賛同し、いつ、どこで、誰が、何をするか、ルールをつくり、実行するためにそれぞれがどのような努力をするか決めていきました。

父親の例

(原因)	(対処)	(結果)
・戦争のトラウマ ・経済不安 ・思いどおりにならないもどかしさ	?	?

(どうありたいか)	(取り決め)	(行動)
・家族の前で笑顔でいたい	・週1日は食事を一緒にとる	・麻薬がやめられた ・家族に暴力を振るわなくなった

図3.2　解決志向のアプローチを用いた事例

　どんな小さなことでも、一緒に歩み出すことが大切です。家族で決めた週1回の食事を実現できるように、各人が役割をまっとうすることで、楽しいときを過ごすことができました。その楽しさから週2回、3回と食事の回数を増やしていく中で、父親は麻薬を克服し、子どもや母親は父親からの暴力に怯えることがなくなり、母親のアルコールや子どもの問題行動が改善していきました。そして、ついに家族は笑顔を取り戻しました。

　アルコールと麻薬への依存をなくすことから始めなくても、新しい希望に歩み出したとき、アルコールと麻薬に頼る必要がなくなっていくことで依存を克服できたのです。そして、家族の希望であった笑顔をつくることが日常的に行われるようになりました(図3.2)。

(3)　当事者意識を大切にする解決志向のプログラム

　解決志向を中心的な考え方に据えたリチーミングは、訓練されたリチーミングコーチの指導のもとで行うプログラムです。自己流で行うと、十分な枠組みや準備のない中でチームワーク力を高めようとして失敗してしまったり、ワークを行った際に、それまでたまっていた不満を

刺激してしまい、個々の思いが爆発してかえって険悪なムードになってしまった、というケースも耳にすることがあります。

リチーミングでは、日頃そのチームを引っ張るリーダーも、メンバーの一員としての目線で意見を出すようにプログラム化されているので、リーダーの苦労やメンバーの課題を、互いに実感できるようにステップが組み込まれています。リチーミングのキーポイントは、チームの課題やチームの目標を「自分ごと」として感じられるようにつくられていることです。どんなに優れた理論もプログラムも、当事者意識を欠いては机上の空論で終わってしまいます。

3.3　リチーミングの留意点

(1)　「問題は何か？」ではなく「どうなりたいのか？」

リチーミングは、理論を学べばすぐに行動が変化するというものではなく、必ず実際に「体感」することが必要条件になっています。リチーミングのワークを通して正しい手順に沿って訓練（体感）することで、チームワーク力が高められます。

ワークをチーム全員で行っていくうちに、メンバー同士の建設的な対話からメンバーの気持ちが変化し、今まで考えていた視点とは別の視点で物事を捉えられるようになり、行動によい影響が出てくるのです。

(2)　リチーミングで高められる5つの要素

リチーミングを使った研修には、
- メンバー同士の協力
- チームへの貢献

- 意義のあるやりとり
- ゴールに一歩踏み出す
- 所属する楽しさ

という5つの要素を体感することができるワークが入っています。

すべての基本は対話であり、学び合いです。その結果、理想を設定して役割を決め、チームとともに歩んでいく自分を具体的にイメージできるようにすることがリチーミングの最大の目標です。

なお、3.5節において、リチーミングのエッセンスを感じてもらうために数種類のリチーミングワークの中から、チームワークとは何かを理解していただくゲームを一つ紹介します。

(3) チーム内対話の注意点

　チーム内対話は、自発的な行動を引き出すため、チームの目標、理想に向けた行動を当事者意識をもって進めるために、とても大切な要素です。チーム内対話を行い、意見を集約する際には、注意してほしいことがいくつかあります。

　一つは、チームの意見を人格化しないことです。誰かが一つの問題について目を留めて、それに対して深掘りを始めると、チームの意見がその人の意見にすり替わる可能性があります。こうしたコミュニケーションの齟齬を重ねたまま目標を設定すると、「本当はそう思ってなかった」、「○○さんに説得される形で」と"他人ごと"の目標ができあがってしまいます。また、話し合いもせず会社都合でできあがった目標については、自分ごとに落とし込まれていなければ「会社が言っていた、自分は関係ない」ということになり、会社という人格が一人歩きしてしまうこともあります。

　それを避けるために、チームメンバー同士で個人とチームの意見をすり合わせる努力をしましょう。互いの意見を否定するのではなく、「こう

なりたい」という理想像について話し合い、個人間で多少の差異があったとしてもチーム全員が納得して調整し、「私たちが導き出したチームの共通の理想」といえるものを設定し、その周知を徹底し定着させていくのです。

リチーミングが失敗に終わるチームには、共通点があります。それは、そのチームのリーダーや管理者の発言が問題思考になってしまうということです。これはどんな集団活動でも起こり得る問題です。チームが理想を出し、意見をまとめて前に進もうとしているときに、「そんな小さな一歩は中期経営計画以下だ」などと、せっかく踏み出した一歩をなじり、「それより問題は○○だ。これをどうにかしろ」など、問題の直接的な解決策を急がす傾向に陥ることがあります。

図3.3の左にあるのが問題思考のチャートです。明らかになった問題に対して原因を追究し、そこから改善策を見出すのですが、人の心が絡みあう問題については、原因の追究の先にそれぞれの解釈が発生し、犯人探しや他の事象への責任逃れなどが始まってしまうことがあります。リーダーや管理者が人の心の動き方そのものを原因として深掘りしてし

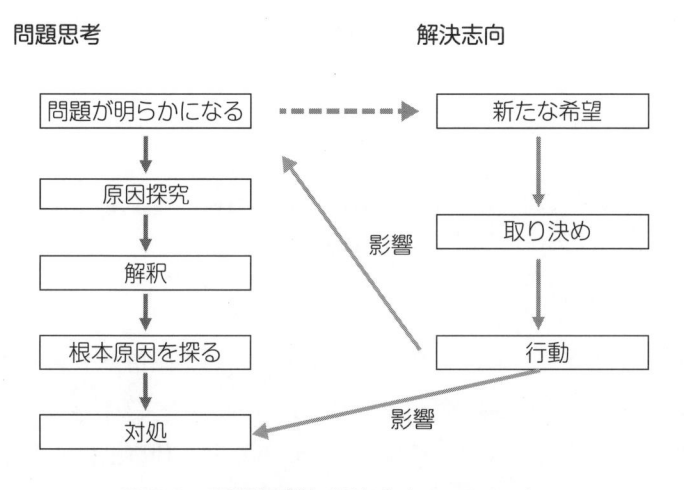

図 3.3 問題思考と解決志向のチャート

まうと、リーダーや管理者の解釈に基づいた原因＝犯人という構図ができあがってしまいます。一方で、解決志向では図3.3の右のように問題を一度切り離して新たな希望を見出し、ルールを決め、新たな行動によって過去の問題に向き合う意欲や対処のための行動に影響を及ぼします。p.46 のベトナム戦争を経験した家族の事例を思い出してください。

3.4 リチーミングのプロセス

(1) リチーミングを行う前に

　ストレスをはき出すことは、リチーミングを行う際の前工程、料理のレシピでいえば下ごしらえの部分です。どんなに優れた手法を用いても、事前の準備が整っていなければ、結局どこかでつまづいてしまいます。いろいろな方法を試しているのにうまく行かない！　という人は、この下ごしらえがうまくできていないのかもしれません。前述のベトナム戦争を経験した家族の事例でも、個々人の希望を出す前に、現在苦しいと感じているストレスに対し、はき出させることは重要な意味をもっていました。心のつかえを軽くしたうえで、希望を語らせていくプロセスを踏んでいました。

(2) リチーミングのプロセス

1）ガス抜き

　まずは下準備として、お互いにいま抱えている感情や不満をはき出す「ガス抜き」の時間を設けることです。人の心のベクトルが合わない、意見の食い違いによって作業が遅れているなど、仕事上に悪影響が出ている組織やチームの中には、何らかのストレスを抱えている人がいま

す。それらから目をそむけ、よいことだけを引き出すのは無理があります。このとき、個人の感情や不満を否定することや、その場で解決策を提示することは避けましょう。自由に感じている思いを挙げられるような、発言しやすい環境づくりは必須です。重要なことは、愚痴言い会で終わらせず、スタート時に何が目的で心のストレスをはき出しているのかを伝えることです。はき出す時間を決め、今チームが抱えている問題を、個々人で抽出できるように促してください。

2）ベクトルの確認

次に、チームの構成員が何を問題にしているか、個々人の意見を語り合い、次に問題の共通項は何かを見つけたり、数ある問題のどこを重要視すべきか調整し、話し合い、共通の問題意識というベクトルを確認します。不思議なことに、問題意識がバラバラなままスピードを優先して手当たり次第に改善に着手してしまうと、それぞれが自分の思いで勝手に対処してしまい、結果的にチームとしての成果が出せず、目標達成を期待できません。

3）悪化のシナリオの想定

チームで共通認識のある問題点をそのまま放置して進んだ場合、自分たちのチームはどうなってしまうのかを想定し、話し合って、悪化のシナリオを考えます。何の対策もせず、このまま進んでいってしまったらどうなるかを考えることで、「このままじゃいけない」、「改善しなければ」という気持ちが強くなります。

4）「自分ごと」への落とし込み

ガス抜き、ベクトルの確認、悪化のシナリオの想定を経ることで、チームには問題対処への意欲が芽生えはじめます。このときに重要なのが、さまざまな問題やめざすべき方向を「自分ごと」として受け止める

ことです。チーム力強化がうまく行かないケースの多くは、この内容は「チーム」のものであって、自分のものではない。誰かが言ったかもしれないけど、私は言っていないし、思いもそこにない、といったボタンの掛け違えが生じていることがあるのです。

　前工程とリチーミングのイ〜ニのプロセスを通して、メンバー全員が問題を自分のこととして受け止め、改善のための行動変容の必要性を実感することは、チームワークの土台づくりに必要不可欠なポイントです。ヘのプロセスでは、ホで出した個々の理想の共通項を取りまとめ、チームに所属する全員が、目標・理想の内容が一言一句違わない共通言語をつくり、エネルギーの方向を一致させます。さらに、トのプロセスでチームで理想を着実に達成させるためのチームの一歩を決めます。メンバー一人ひとりが納得した形で決め、その一歩を達成させるための個人の具体的な行動に落とし込んでいき、役割分担を決めることによりリチーミングは構築されています。その結果、個人の頑張りがチームの成果に直結し、チームの目標、理想が個人にとっての意味や価値をもち、チームに所属すること自体が楽しい、そこで交わされる会話すべてに意味がある状態になっていきます（図3.4）。リチーミングは、解決志向を

前工程
- 日々の対話活動
- 雑学会合
- ストレスのガス抜き

リチーミングより抜粋
- イ　問題点を洗い出す
- ロ　上記イの要素から共通の問題意識をまとめる
- ハ　悪化のシナリオを考える
- ニ　自分ごとに落とし込む
- ホ　個々の理想を出す
- ヘ　上記ホの要素からチームの理想をまとめる
- ト　理想に近づくためのチームの一歩を決める

図3.4　改善ブリッジに必要なプロセス

中心としたチームワーク力強化のメカニズムが、構造化されたワークの中に落とし込まれています。腹落ちする理想と一歩を生み出すためのプロセスを、チームメンバーで体験します。チームメンバーの思いを感じながら心を近づけ、チームがどこをめざすか調整し合えるコミュニケーションを育んでいきます。

リチーミングの一部のプロセスは、「心の好循環サイクル」において、「改善ブリッジ」をかけるときの技法として有効となります。チームメンバー各人が腹落ちさせた目標に向かって役割を理解し、行動し、結果を導き出す土台をつくることができます。

3.5 リチーミングのワーク事例

ここで、リチーミングの導入時に行う、心をほぐし対話を促進するためのアイスブレークワークを紹介します(表3.1、図3.5)。

心のアイスブレーク「フラフープワーク」は、普段会話がない、相手を知らない、好意的に思っていない人でも、このワークを通じて対話が生まれ、このチームで何かこれからしていこうという気持ちをもてるようになるワークです。

ワークでは、フラフープを6〜8人で目的地に運ぶというゲームを通じて、チームワークに必要なさまざまな要素を学んでいきます。対話の必要性、質問をする勇気の必要性、事前準備として皆の意見や知恵を出すことの必要性、途中で調整することの必要性を感じていきます。何よりもどこに向かうかの共通認識の必要性を感じることができます。

第3章 困難に立ち向かえる強い組織をつくる技法「リチーミング」

表3.1 ワーク事例:

ワークのための設定
 *班は6〜8名
 *フラフープとカラーコーン(ペットボトルや床にシールなどで印をつけても
 *カラーコーンを約4〜5メートル離しておきます(最低3メートルくらい)。

手　順	目　的
1. チームの中で、最初にワークを行う3名を選びます。	
2. 3名で何も話さず片方のコーンからもう片方のコーン(目的地)までフラフープを運びます。	3人で運べることを体感する
3. 次に6〜8名出てきてもらい、6名〜8名で何も話さず目的地にフラフープを運びます。	倍以上の人になると、思ったとおりに動けずバラバラの動きになることを体感する
4. 感想を聞きます。	バラバラの動きをどのように捉えているか確認する
5. 6〜8名の中からリーダーを決めます。	手順6からの運営を実施するリーダーを決める
6. リーダーだけが目を開け、話せる状況(それ以外の方は全員目をつぶり、言葉を話せない状況)で、同じく目的地までフラフープを運びます。	リーダーの段取りをしっかりチェックする
7. 感想を聞きます。	一人ひとりがチームワーク、リーダーシップ、フォロワーシップをどう受け止めているかチェックする

フラフープワーク

ＯＫです)を準備します。

ファシリテーターポイント
（自主性に任せましょう）
人差し指の横側（指の腹でも背でもなく、側面です）で、フラフープを持ち上げ、「一言も話さずにフラフープを目的地まで運んでください」と促します。
ワークを始める前に、3名のときと人数が増えたときとどちらが楽か想像してもらいましょう。
3名と6～8名の違いを、3名のときに参加してくださった方に聞きます。
ワーク内でリーダーがきちんとできたかなど後からフィードバックされるので、打たれ強い人は誰ですか？　などと楽しく質問し、打たれ強い方をリーダーにします。
リーダーの時間です、とリーダーに任せましょう。練習などしていいですか？　と聞かれたら、練習していただいて大丈夫です。さまざまな質問がリーダーから聞かれる可能性がありますが、基本的にはリーダーさんに任せますよ、と回答してください。やってはいけないことは、目を開けて運んでしまうことや練習ではなく、本番中に参加者が話してしまうことです。練習であれば、参加者が話してもＯＫです。
リーダー以外の人に、感想を聞きます。特に、もし話すことができたらどんなことをリーダーに聞いたり、伝えたかったか聞きましょう。 最後にリーダーに大変さをねぎらいながら、感想を聞きましょう。

表3.1 ワーク事例：

手　順	目　的
8. 成功事例を紹介し、解説します。	フラフープワークを試す次のチームに必要な情報を与え、さらなる向上をめざさせる
9. ワークを体験した方、ワークを見ていた方も、このワークを通して感じ、学び取ったチームワークに必要な要素をディスカッションしてもらいましょう。 その後、1班1つコメントを発表してもらいましょう。	他のチームの意見をよく聞き、チーム内のまとまりとチーム外の世界とのつながりをもたせる

フラフープワーク（続き）

ファシリテーターポイント

ご自身の体験でもかまいませんが、弊社で使っている事例は以下のとおりです。
「とてもうまくいったチームは、日ごろタンクローリーを運転している運転手さんたちでした。いつもの業務で指さし確認や危険物が周りにないか、どこからどこに車を移動させるかなどを指さしで行っているので、このワークでもまずみんなで目標確認といって目的地を指さしして目標を確認していました。
次に、段取りをしようといって、実際に全員が目を開けた状態で一度運ぶ練習をしました。何歩かどうかの確認や、持つ高さの確認をその中で行っていました。たとえば、持つ高さは腰の高さといっても腰は背の高さによって異なります。そのため、一人ひとりを高さを確認し、あなたは腰、あなたはウエストより少し下など、設定し、そこを原点としていました。運んでいる途中に高さがずれると、リーダーが「原点復帰」と声かけし、その声かけでみなさんご自身の原点に高さを合わせて調整していました。
さらに、このワークのときには他のチームも一緒にスタートしたのですが、リーダーが、「よし、このチームで一番上手に、一番早く目標に行くぞ！がんばろう！」とチームの一体感やモチベーションを上げる声かけをしていて、実際に一番上手に一番早くフラフープを運んでいました」。

同じような意見はあるので、各班１つか２つ出してもらい、他チームにふります。
このとき、たくさんの意見を出せたチームをねぎらいましょう。

第3章 困難に立ち向かえる強い組織をつくる技法「リチーミング」

図 3.5 フラフープワークの実施風景

第4章

改善活動を活性化する 「心の好循環サイクル」

4.1 改善活動をさらに高める心の好循環サイクル

　ここまでは、改善活動に役立つ心理的背景をもつ解決志向などの理論や、チームの底力を出し切れる風土に影響するリチーミングについて述べてきました。本章からは、いよいよこれまで学んだエッセンスを改善活動にどうやって反映させていくのかという実践的な解説に入ります。

　みなさんは、何を目的に改善活動に取り組んでいますか？　改善活動で何をしようと考えていますか？　本来の目的は品質をさらに向上させるための活動ということになると思いますが、これまでに解説してきたように、心のベクトル合わせを行える場である改善活動は、有形効果のみならず、チームのメンバー一人ひとりのマインドをさらに成長させ、仕事への取り組み方を変え、さらにそれをもっと大きな組織体に波及させ、職場環境や企業の組織風土までをも変えてしまうほどの力をもっています。

　では、どうすれば改善活動によってより多面的な成果を上げられるようになるのでしょうか。私は改善活動に心理的側面という新たな観点を取り入れることを提案しました。それは心理的側面を考慮することで改善活動の無形効果を効果的に高めることができ、結果として従来の改善活動よりもさらにパワーアップした「心の好循環サイクル」を回し続けることに期待したからです。ここで、第1章で示した心の好循環サイクルの概念図を再掲します(**図 4.1**)。以降、心の好循環サイクルを生み出す3つの重要な要素、「心の改善同盟」、「改善ブリッジ」、「役割の再構築」について解説します。それぞれの要素を高める実践的なワークは第8章で紹介します。

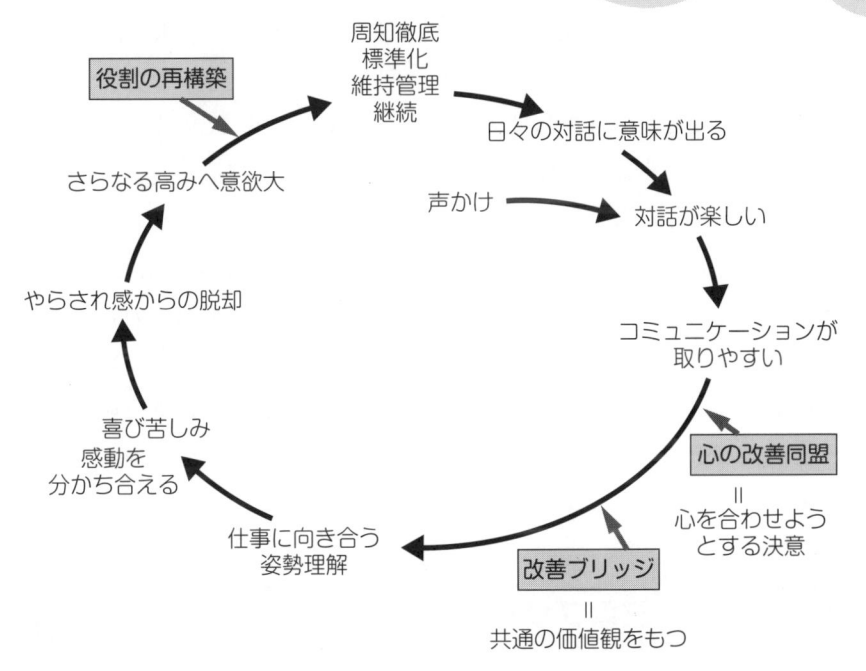

図4.1 心の好循環サイクル(図1.9の再掲)

4.2 心の改善同盟

　若手とベテランなどの世代間ギャップや多様化する働き方、社会の急激な変化によってさまざまな価値観をもつ人たちが混在するようになった現代の職場で心と心を通じ合わせることが必要です。それには、「心の向く方向⇒心のベクトル」がさまざまな事柄に大きな影響を与えていることを認識したうえで、互いの心を考慮した共通の目標をもつことが大切です。

　共通の目標をもつためには、メンバー全員が、今何がチームにとって問題なのかを把握し、その事態を把握するだけではなく、問題視する意識の強弱と、自分たちが問題と向き合い改善していく集団だと認識する心がまえを共有していくことが重要です。そのためには、対話を通じて

相手の心の向く方向を知るプロセスが欠かせません。未来へ向く足場（話し合いの場）をつくり、心の向く方向をチームメンバーで合わせようと決意すること、それを私は「心の改善同盟」と呼んでいます。チームを組むとき、まずはじめに心の改善同盟を組むように心がけることをお勧めします。心が散り散りになることを防ぎ、一つのことをめざそうという決意を共有しやすくなります。心の改善同盟を組んだ後、問題事案へのお互いの思いの強弱を知り、心がまえを調整してください。心の改善同盟をうまく組めると、一人では限界があることでも、チームで取り組めば、知恵を出し合い、今まで辿り着けなかった領域にまで辿り着けると思える予感やワクワク感が生まれます。心の改善同盟を高めるワークは、第7章で紹介します。

4.3 改善ブリッジ

（1） ギャップの橋渡しをする改善ブリッジ

　心の改善同盟の次に必要な要素が「改善ブリッジ」です（図4.2）。バラバラだったチームのメンバー一人ひとりの心をつなぐ語り合う場、きっかけ、語り合うポイントや工夫を、イメージ的に私がブリッジ・橋という言葉に置き換えたのが改善ブリッジです。改善活動の推進者、支援者は、チームの中に考え方の差や違いがあり、心が通じ合わず行動がバラバラになっていると感じたとき、問題を先送りせず早急に改善ブリッジが必要なことを提言し、チームを盛り立てます。リーダーはチーム内の違いや差、溝を探し、仲間とともに橋をつくり、メンバーとともにできたばかりの橋を渡って心の向く方向を一つにするのです。

　改善ブリッジを成功させるためには、世代間ギャップ、熱意の大小、技術力の差、コミュニケーション力の有無など、メンバー間に横たわる

```
   若手              橋              ベテラン
   熱意小           工夫             熱意大
   技術力小                          技術力大
コミュニケーション力小          コミュニケーション力大
   興味小                            興味大
```

図 4.2　改善ブリッジの着眼点

　さまざまな「違いや差、溝」をいち早く発見し、相互理解という橋が必要なことを周知させることをためらわないことが重要な鍵となります。チームのあらゆるギャップをつなぐ橋を架けることこそ、改善活動の原点といえます。

　チームに発生しうるあらゆる乖離に橋を架け、互いが理解し合える環境をつくるには、支援者やリーダーの熱意と工夫が必要です。橋を見える化し、橋が必要だと頭でわかっていても困難が立ちはだかっていたり、仕事で目一杯になり余裕がないと、橋をともに架けて渡ろうとする心がなえてきます。しかし、諦めず、謙虚にねばり強く橋を架けていくことが重要です。

　では、改善ブリッジを架けるにはどうすればよいでしょうか？　改善ブリッジ構築のために、推進者、管理者は橋づくりが必要だと熱意をもって促進してください。リーダーは工夫して改善ブリッジを行う場を考えてください。わかりやすい例で言うと、古くから改善ブリッジの役割を果たしてきた飲み会やレクリエーションの場をセッティングすることも一つの手です。リーダーは、それらの場での対話を通じ、断絶がある箇所に橋を架けられるような雰囲気づくりを心がけます。具体的には、対話を構造化していきます。

　例えば、はじめの言葉と締めの言葉は、記憶に残るような言葉を選んで使うことです。はじめの言葉は会全体の対話の枠を決める働きがありますが、ここで言葉を間違えてしまうと、単なる無礼講、愚痴大会になってしまいます。はじめの言葉と締めの言葉の例を次に挙げます。

- はじめの言葉の例：「今日は憂さ晴らしをして、今を改善するきっかけを探すための飲み会です」
- 締めの言葉の例：「今回はこんな話が多く聞けて、とても有意義でした。絶対に改善が必要だから、次は１週間以内にまたこの先を語ろう」

次につなぐ声かけを入れるだけで、改善ブリッジはつながりやすくなります。心の距離が遠ければ、２回といわず３回、４回とこの作業を繰り返し、橋が相手に架かるまで、諦めず、謙虚にねばり強く橋の工事をすることが大切です。

(2) 改善ブリッジにおける留意点

1) 愚痴大会にしない

目的なしに開催される飲み会が、前述のように愚痴大会になってしまうと、全員の思考が問題思考に傾き、ネガティブな側面が出てきてしまうことがあります。

人間が愚痴を言うのも心理学的にきちんとした意味があります。愚痴を言っても何も変わらないという人もいますが、愚痴を言葉にすることで、何に違和感があったのか、問題なのかどうかが整理され、スッキリすることもあります。つまり、心理学でいうところの心の浄化（カタルシス）が起きているわけです。

しかし、本人だけで完結するときは、カタルシスの効果もプラスに作用するのですが、チーム全体への影響を考えると、改善活動には、愚痴をはき出すだけでスッキリするやり方は向いていません。愚痴をこぼした本人がスッキリしても、愚痴の内容によっては他の人がストレスを抱えることになり、攻撃されていると感じる人も出てくるからです。チームがネガティブな方向に進んでしまったり、チームの魅力を失ってしまうという危険性をはらんでいます。

2）裏感情マップを読み取る

　愚痴大会を有効なガス抜きの場にするためには、リーダーがはじめにその日の飲み会の目的とゴールを示すことが重要です。「憂さ晴らし」だけではストレス発散の場になってしまいますが、「今を改善するきっかけを探すため」の場であると明言しておけば、ただの愚痴に終始するのではなく建設的な意見が出やすくなります。

　もう一つリーダーに覚えておいてほしいのが、失望や怒りといったネガティブな感情の裏には、別の感情が隠れているということです。

　図 4.3 は「裏感情マップ」と呼ばれる、表出している一つの感情の裏にある複数の感情を示したものです。

　例えば、怒りの背後には、図 4.3 以外にも心配や不安、自信のなさ、やるせない気持ち、悔しさなどのたくさんの感情が隠されている場合もあります。このうち表に出ている怒りがとても強い感情であるため、そちらに目が行きがちですが、リーダーは裏感情に目を向けて、怒りとともにその人が抱える本音に寄り添うべきなのです。

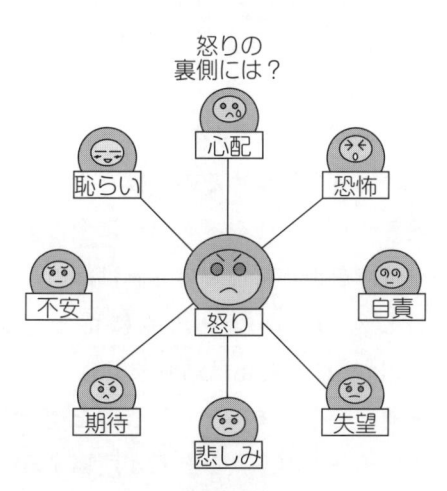

図 4.3　裏感情マップ

3) リーダーの自己開示

　リーダーが改善ブリッジの対話を成功させるためには、常に人の心の動きに興味をもった聞き上手である必要があります。自分の言葉で引っ張るリーダーよりも、メンバーが意見を言いたくなるリーダー、話したくなるリーダーのほうが改善ブリッジの構築に長けている場合があります。

　聞き上手をめざすリーダーたちにぜひ身につけてほしいのが「自己開示」という技術です。リーダーが活動について現時点でどんな悩みをもっているか、何に困っているか、という「弱み」ともとれることを、堂々と自ら開示することで、相手が安心して本音を話してくれるようになるのです。重要なポイントは、チームをよい方向へ導くために弱みを話すのは、「みんな同じ生身の人間なんだ、本音で話そう」という気持ちをもたせることです。

(3) Knowing から Doing へ

　改善活動に心の好循環をもたらすためには、改善ブリッジと同様に、もう一つの架け橋が必要になります。それは Knowing（理解・知識）から Doing（行動）に架ける橋です（**図 4.4**）。

　理解や知識は物事の本質を見つめるのに役立つ大切なことです。改善活動の推進者や管理者、リーダーやメンバーに至るまで、活動に関わるすべての人が理念や目標を正しく理解できれば、こんなに素晴らしいことはありません。しかし、理解や知識に留まっている、つまり「Knowing」の状態では、真の変化は訪れません。チームの共通理解となった設定目標や課題をそのままにせず、目標を達成するため、または課題を克服するためにチームの一人ひとりが所属するチームやサークルの一員として行動を起こすこと、つまり「Doing」が何よりも大切なのです。

KnowingとDoingの間に橋を架ける

Knowing
（理解・知識）

Doing
（行動）

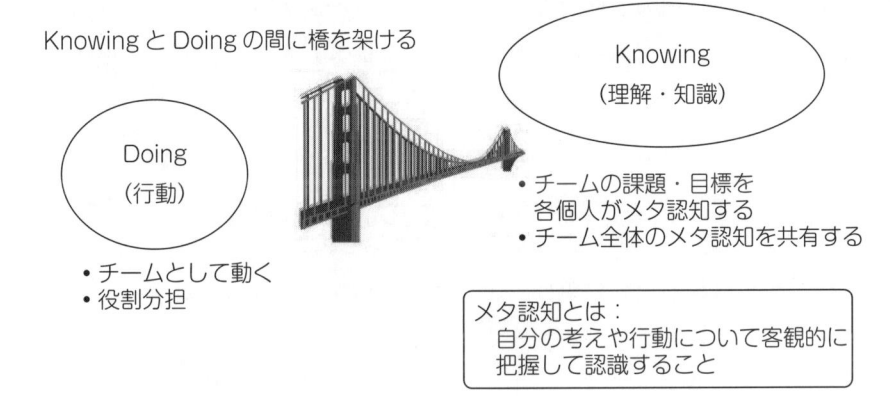

- チームの課題・目標を各個人がメタ認知する
- チーム全体のメタ認知を共有する

- チームとして動く
- 役割分担

メタ認知とは：
自分の考えや行動について客観的に把握して認識すること

図4.4 「知っている」を「行動できる」に変える橋

　特に、リーダーは率先してKnowingからDoingの橋を渡るべきなのです。そのための橋を架ける技術が、第3章で解説したリチーミングです。個人の問題意識からチームの共通の問題意識を導き出し、チーム全体の理想に導き、チームの一歩を決め、行動に落とすまでのチームメンバーの考え方のプロセスを見える化することで、Knowing（理解・知識）とDoing（行動）に橋が架かるのです。

　第3章で紹介したリチーミングは、改善ブリッジを架けるときに有効な考え方です。改善ブリッジを高めるワークは第8章で紹介しています。

4.4 役割の再構築

　役割分担をメンバーが一人ずつ、文字で見える化し、全員の前で公言することで、責任感が生まれ、チーム員としての具体的なタスクと全体像が明確になります。

　一人ひとりの行動がどのように目標達成に貢献するか検討することを、「役割の再構築」と呼んでいます。役割の再構築を行うと、一人の

力がチームの目標の一助になっているという行動の意味と価値が理解できます。また、メンバーの行動の興味が促進されます。役割の再構築を高めるワークは、第8章で紹介します。

4.5 心の好循環サイクルの構築事例

　私に寄せられる相談の中に、世代間の価値観、働き方に対する考え方の違いによるストレスがあります。若手、ベテランともに大きなギャップを感じているようです。それぞれに言い分があり、労働意欲が薄い、向上心がないといわれる"イマドキ"の若者たちも、現状を何とかしたいと思っているものです。

　本節では、あるQCサークルの改善活動の取組みから、若手とベテランの間に心の改善同盟を結び、改善ブリッジを架け、役割の再構築を行い、心の好循環サイクルが回った事例を見てみましょう。

(1) 世代間ギャップを乗り越える

1) 若手とベテランの隔絶

　まず、このQCサークルの状況を説明することからはじめましょう。舞台となるのは製品開発、製造、販売を行っているメーカーの保全チームの事例です。早期退職を募ったせいで職場は人員不足となっており、環境は決してよくありませんでした。メンバーを見てみると、補強で部署が変わってやってきた新米の集団と高度な技能を有する保全のベテランの集団、つまり若手とベテランに完全に二極化していました。

　その中で、保全班に異動になったばかりの若手に属するリーダーはこう考えました。

　「ベテランは人員不足による負担増で、"話をしている暇がない"と黙々と自分の仕事をこなしている。一方の若手は、仕事を見て覚えるし

かない状況で、何も教えてもらえない、と不満を抱えている。このままでは若手とベテランの溝は深くなるばかりだ」

　一念発起したリーダーは、自分が若手とベテランの溝を埋め、改善ブリッジを架けるための場をつくることを考えます。そこで、まず若手集団とベテラン集団を別々に飲みに誘い、本音を聞き出しました。

2）共通点の糸口

　若手からは、「教えてくれない」、「認めてもらえず悔しい」という意見が出ました。そこでリーダーは若手の「悔しい」という感情に着目し、手がかりをつかみます。若手もこのままでよいとは思っておらず、何とか戦力として役に立ちたいと願っていたのです。リーダーは、悔しいと思うことは前向きでとてもよいと評価し、若手のメンバーたちに技術的に圧倒的に先行しているベテランに追いつくためにはどうしたらよいか、彼らに認めてもらうためにどう行動したらよいかを考えよう、と促しました。

　また、ベテランからは、「若手は学ばない」、「考える時間がない」、「早く成長してほしい」という意見が出ましたが、リーダーは「早く」という感情に着目し、早く成長してほしいと前向きな気持ちに感謝したそうです。

　結果として、保全技術を学ぶためには過去の修理履歴に学ぶのが有効である、という結論がチーム全員から出ました。しかし、これまでのデータは分類に一貫性がなく、整理し直す必要がありました。そこで若手が自らデータを打ち込み、検索システムを構築しました。ベテランは若手たちの努力に応えるように、教える時間がないと言っていたベテランたちが積極的に修理履歴を口頭で伝え、若手たちが楽しんでデータ打ち込みを行いました。当初、右も左もわからないままただ足を引っ張るだけだった若手たちは、自分たちの強みであるパソコン技術を使って、ベテランの残した重要な財産である保全技術のデータベース化に成功し

たのです。

　このQCサークルの心の好循環サイクルは私がコンサルテーションしたわけではなく、自分たちがリーダーの雰囲気づくりのもと、自然に行ったものでした。QCサークル関東支部の運営事例選抜大会の発表で偶然耳にしたものです。その後、このサークルの指導員と、この会社が行ったサークル指導員ステップアップ研修で、私が講師の立場で知り合い、サークルのその後を聞いたとき、さらにベテランと若手の溝が改善され、ベテランは現場の声の拾い方まで若手に指導しているようでした。そして何より、溝があった人間関係が修復したようでした。

　よい結果に結びついたこのサークルの対話の流れは、まさにリチーミングの流れそのもので、私はとても驚きました。リチーミングは、第3章でも述べましたが、精神科医と社会心理学者が解決志向に基づき、問題を理想に変え、具体的な行動を起こすテクニックです。

　このサークルリーダーは、自ら解決志向的な考えをもち、チームを理想を導き、具体的な行動まで落とし込めたのです。解決志向が体系化されたのは海外ですが、日本のものづくりの現場にも心あるリーダーにはもともと備わっていた要素だったのかもしれません。ですから、私が解決志向を教えていても、現場に必要な考え方だと納得し、すんなり受け入れられているのだと思いました。

3) 改善のメカニズム

　図4.5はそのときの改善活動の様子をリチーミングの手法に当てはめたものです（イロハニヘトの順番で見てください。ホの部分は発表されていなかったため、抜いてあります）。このリーダーが行った手法は、フィンランド式リチーミングの手法に合致していました。若手とベテランの「改善させたいけどできていない」、「改善したいけどできていない」という共通の問題意識を心のベクトル合わせに使用し、お互い今の状態を改善したい、という共通項を導きました。その間に、このまま何

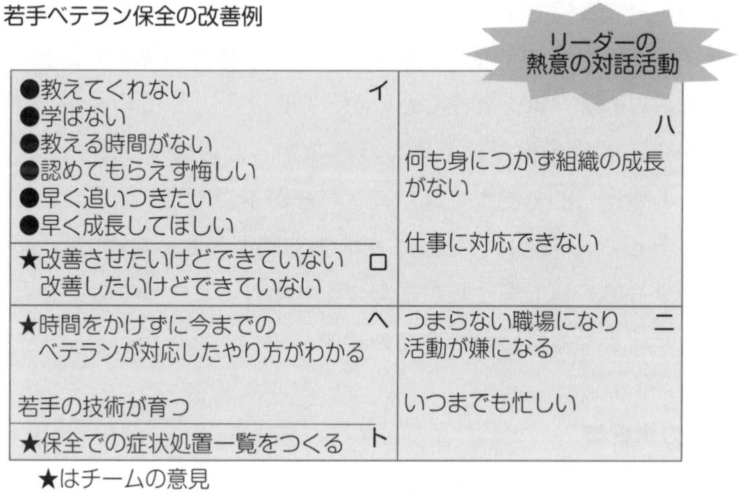

4.5 心の好循環サイクルの構築事例

若手ベテラン保全の改善例

●教えてくれない　　　　　イ ●学ばない ●教える時間がない ●認めてもらえず悔しい ●早く追いつきたい ●早く成長してほしい	ハ 何も身につかず組織の成長がない 仕事に対応できない
★改善させたいけどできていない　ロ 　改善したいけどできていない	
★時間をかけずに今までの　　ヘ 　ベテランが対応したやり方がわかる 若手の技術が育つ	ニ つまらない職場になり活動が嫌になる いつまでも忙しい
★保全での症状処置一覧をつくる　ト	

※リーダーの熱意の対話活動

★はチームの意見

図 4.5　保全チームの改善例（ホは省略）

もしなかったらますます溝が深まるという悪化のシナリオを想定し、危機感を募らせ、このまま悪化していけば職場環境が劣悪になり働きづらくなってしまう、という自分の問題として捉えることに成功しています。

若手は課題解決のためにパソコンでデータベースへの入力を行い、ベテランが経験を語ることで、これまでまったく交流の余地がなかった若手とベテランの間に、見事に改善ブリッジが架かりました。

この事例から私たちは何を学べばよいでしょうか。一つは、現場で出てきた問題意識から、ポジティブな「こうありたい」という理想像への転換ができたことです。「ベテランが教えてくれない」、「見て盗めなんて古くさい」といったネガティブな愚痴に終始していたらどうなったでしょうか。何とか共有できることを探して、改善ブリッジを架けようと奔走していたリーダーも、「そんなこと言わずにちゃんと教えてもらおうよ」など言うのが精一杯だったかもしれません。教えてくれないと諦めている若手の心は、この言葉ではまったく動かず、チームはバラバラ

になっていたことでしょう。

　リーダーが話の流れを導くときは、リーダー自身の決意や志がとても大切です。このチームをどうしたいか、リーダーとしての軸がぶれないでいたから、話を愚痴だけで終わらせなかったのです。そして、そのリーダーの態度に心を動かされたメンバーが本音で語り始めたのだと思います。そして、未来に目を向けた解決志向型の対話の中で、「新しい価値＝保全対処一覧」を全員参加でつくり上げることが必要だ、と皆で想像をふくらませることができたのです。

4) 役割の再構築

　チーム改善の方向性が定まったら、チームの目標を個人レベルのタスクとして落とし込む必要があります。この事例では、ベテランと若手は愚痴を言い合うという今までの役割ではなく、目標を達成するための協力者という役割に再構築されていったのです。

　心の好循環サイクルは、日常の何気ない対話から始めます。朝、目を合わせたときや食堂などで、「やぁ」、「おぅ」と目線を合わせ、その一言が言える環境をつくります。心が触れ合うと、問題があったとき、理解不能なとき、質問をする勇気、相手を受け止めようとする思いやりがお互いに現れやすくなります。そして、対話することで気持ちが楽になることがわかると、対話そのものが楽しくなり、周囲の人々の距離感が縮まります。言いづらいことも言えるようになり、意思疎通がとりやすく感じてきます。

　この段階を経ると、チームが抱える問題を皆でどうにかしよう、改善方向に心を傾けようとする決意が出てきます。それを「心の改善同盟」と呼びます。その後、リチーミングの考え方で「改善ブリッジ」を意識的に架け、思いと行動の差に橋を架けていくと、共通の価値観が生まれ、周囲の仲間の仕事に向かう姿勢を理解し、成長を喜び合う風土が形

成されます。やらされ感から脱却し、心がさらなる高みに向いたとき、チーム内の「役割の再構築」を行ってください。周知徹底、標準化、維持管理を継続しながら連携をとっていきます。自ずと日々の対話に意味を感じられ、職場で対話すること自体が楽しくなることをめざす、これが私の考える心の好循環サイクルなのです。

　心の改善同盟、改善ブリッジ、役割の再構築は、心の好循環サイクルの中で、リーダーが率先して旗を振り、実施していくものです。第 8 章のワークシートを有効活用し、実施してください。サイクルが回り出し、数回経験するとチームメンバーがこの 3 つを自主的に行えるようになりますが、それまではリーダーが意識的に行うことが望ましいのです。また、心の好循環サイクルをもっとよく知りたい場合や、リーダーが努力してもメンバーのベクトルがどうにも動かない傾向にある場合は、心の好循環サイクルのためのリーダー研修を受講することをお勧めします。改善ブリッジを架ける際の有効な考え方であるリチーミングや、リチーミングコーチのライセンス取得について詳しく知りたい場合も含め、下記のホームページをご覧ください。

　ランスタッド株式会社　EAP 総研
　http://eap.randstad.co.jp/
　一般財団法人日本科学技術連盟
　http://www.juse.or.jp/

第 **5** 章

心の好循環サイクルをつくるための
チーム内コミュニケーション

第5章　心の好循環サイクルをつくるためのチーム内コミュニケーション

5.1　新しいリーダーシップ

(1) 改善ブリッジを架けた後のコミュニケーション

　ここまで解説してきたように、心の好循環サイクルをつくるためには、心の改善同盟、改善ブリッジ、役割の再構築が必要です。では、役割の再構築を行ったとき、チーム内のコミュニケーションをどのように保てばよいのでしょうか？

　第4章の保全チームの若手とベテランの溝を埋めた事例にもあったように、最終的に役割の再構築を行ったとき、システムへ入力する際は若手がリードし、経験を語る際はベテランがリードするというように、上下関係ではなく並列の関係が成り立っていました。改善ブリッジが架かり、互いに協力し合いたい、互いに早く成長したい／させたいというベクトルが一致した同士には、並列になっても何ら違和感のないコミュニケーションの受入れ態勢が整っていました。

　改善活動を進めるときにも、自分が得意とする分野は率先して引っ張る、自分の分野外である場合はチームのためにフォロワーとして手助けする。このようなサイクルができあがれば、心の好循環サイクルは完成です。メンバー同士が、この人に任せたら何とかなるとお互いを尊重し、尊敬し合う気持ちがあってこそ、並列の仲間として機能します。そこには、もはやベテランと若手の溝は存在しないのです。

(2) 医療分野のチームワークから学ぶ

　ここで、心の好循環サイクルがとてもよく機能していた事例を紹介します。この事例は海外の医療分野で頻繁に用いられているものですが、ものづくりや事務・販売・サービス領域の現場にも応用できる観点が

多々あります。

　私がアメリカの病院の癌センターで心理カウンセラーとしてインターンシップを体験したときの話です。私は癌患者さんのQOL(クオリティー・オブ・ライフ：生活の質)を高めるための医療チームの一員となる経験をしました。メンバーは、癌専門医、外科医、麻酔科医、看護師、ソーシャルワーカー、栄養士、リハビリ専門職、作業療法士、言語療法士、心理カウンセラーなどで構成されていました。

　チームの役割としては、手術前に癌専門医から症状を聞いた心理カウンセラーが本人へのストレスマネジメントを行い、そのときに本人が抱える不安を和らげ手術に向かう心を調整します。その後、心の安定度合いを考慮し、麻酔科医が介入します。外科医が手術し、看護師と栄養士の連携で手術後のサポートを行いますが、例えば乳癌の女性が手術後に、自身の子供にどう伝え、接するか、ご主人との生活をどのように変化させるか、これからどう生きていくかなど、さまざまな不安や悩みを心理カウンセラーが聞き、本人がストレスに向き合うコツを心理カウンセラーが伝えながら気持ちを整えていきます。次のケアに必要な心理面の情報をチームに共有します。そして、リハビリや作業療法などを行っていきます。ソーシャルワーカーはすべての症状や立場を理解し、その人に合った治療に必要なサポート、国や地域の支援を伝えていきます。

　このチーム体制は、治療のタイミングによって専門家であるメンバーがリーダーとなって主導し、情報共有を受けた他のメンバーはリーダーをサポートし、自分の仕事に活かしていきます。一人の患者さんのQOLを高めるという目標を同じくした同志たちは、自分の持ち場で行ったことを他のメンバーに伝え、情報を共有したメンバーは、次にどのようなアプローチをするか自分の考え方を伝えます。

　そして、特に私が興味をもったのは、この情報共有を立食スタイルの昼食の場で行っていたことです。昼食を食べながらも確実に情報を伝える様は、実に見事でした。

第5章　心の好循環サイクルをつくるためのチーム内コミュニケーション

　さらに、そこではチームの雰囲気を上げるムードメイキングにも注意が払われていました。夜勤明けの看護師や医師に対して他のメンバーがねぎらうなど、心理ストレス、体調の状況を確認し、サポートし合っていました。また、メンバーの誕生日や子供の入学式などを知っている人がいれば、そのメンバーに全員でお祝いの言葉をかけられるように促すなど、患者さんの情報だけ、仕事のことだけを共有するのではなく、メンバーの心と体、ライフイベントの情報も共有し、仲間としての意識を高めていました。
　私がこのチームでインターンシップをした折、昼食の場で一番最初に聞かれたことは、「アメフトはどのチームが好き？」でした。アメリカ人にとってアメリカンフットボールは国民的なスポーツで、それを会話の突破口にして、私をメンバーに招き入れよう、私の心を和らげようとしてくれたのでした。私はそのときに、私の専門性以外、つまり私自身に興味をもって、人として受け入れようとしてくれているのだと感じ、嬉しかったことを覚えています。
　このインターンシップで、私は心の好循環サイクルを回すためには、協働するための情報レベルの共有だけではなく、心と体の状態、ライフイベントや趣味など、興味をもっていることや不快に思うことなどもメンバー同士で共有することも大切なことだ、と体感しました。専門分野が異なる人の集まりでは、相互理解はかなりむずかしいはずなのに、それぞれの枠を超え、理解しようとし合っていました。さらに生身の人間であるということを忘れず、よいときも悪いときもある、とメンバー同士が認知しようとしていました。メンバーの状態を知ったうえでサポートし合い、チームをよい状況に保とうとする。このプロセスこそが信頼関係を生み、互いの役割を阻害することなく協力し合って、チーム全員で同じ目標を達成するきっかけをつくっていたのです。
　癌患者さんのQOLをサポートするチームの対象者は、癌患者さんであり、これから生き抜こうとしている生身の人間です。どんな小さなミ

スもあってはならないのです。だからこそ、常にメンバー全員の状態を最良に保つ必要があり、自発的にお互いに興味をもって接することが重要であると導き出せたのだと思います。メンバー一人ひとりが健康的に機能していることで思考をクリアにし、行動にミスが出ないようにする。この当たり前のことが日々当たり前にできるように工夫された、よいチームだったと思います。

　日本でも、栄養サポートチーム (NST) と呼ばれる、医師、看護師、管理栄養士、薬剤師、理学療法士、介護士などでチームとなり、術前、術後のリスク軽減、感染症予防、死亡率低下、入院日数軽減のための栄養治療を行うチーム医療が存在します (図 5.1)。このチーム医療には、口腔からのみでなく静脈や腸からの栄養治療を行うため、外科的な手術を伴い体に医療器具を取りつける場合もあるので、栄養士だけで行うものでなく、医師を含む他分野の医療メンバーの存在が不可欠です。

　NST は専従で専門家が集まり、病棟の全科を診て、患者が皆同じレベルの栄養治療を受けられるように、他の専門チームと積極的な連携をとっています。現場で活動する他チーム (感染症対策、摂食嚥下障害、褥瘡 (じょくそう) 対策) などを巻き込み、生きた情報を共有化して、患者の生き抜く力をサポートしています。NST は保険適応され、診療点数請求が認められています。

　ここでも重要なことは、NST 活動をすることのみでなく、NST 全体

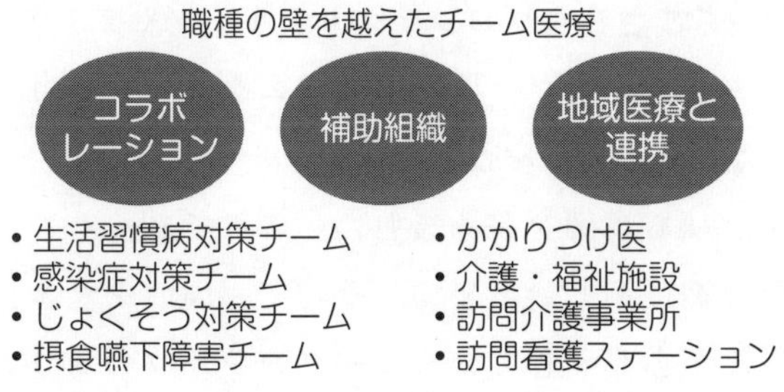

職種の壁を越えたチーム医療

- コラボレーション
- 補助組織
- 地域医療と連携

・生活習慣病対策チーム　　・かかりつけ医
・感染症対策チーム　　　　・介護・福祉施設
・じょくそう対策チーム　　・訪問介護事業所
・摂食嚥下障害チーム　　　・訪問看護ステーション

図 5.1　NST を支えるチームビルディング

第5章　心の好循環サイクルをつくるためのチーム内コミュニケーション

で何をするかが共通言語となり、専門家がお互いの枠を超え尊重し合い、知恵を出し合っていることです。

　この二つの例は医療分野の事例ですが、ものづくりや事務・販売・サービス領域のチームワークに大変参考になる共通の要素が含まれています。

（3）　インクルーシブ・リーダーシップとは

　近年の新しいリーダー像として注目されているのが、インクルーシブ・リーダーシップ（Inclusive Leadership）です。インクルーシブ・リーダーシップとは、1980年代にアメリカで生まれた考え方です。チームメンバーが役職や地位に関係なく、平等にそれぞれがリーダー的素養を伸ばし、チームワークで問題を解決していくことを意味します。自らの成長や影響力を行使し、発信しながら、周囲にいる人を巻き込み、目的を達成していくプロセスは、多様化する社会に対応するためのリーダーのあり方のようにも感じます。

　強烈な個性でチームを引っ張る"強さの象徴"的なリーダーが多いアメリカでさえ、強いリーダーで周囲を引っ張っていくスタイルに加え、このインクルーシブ・リーダーシップの考え方を用い、周囲を巻き込みながらプロジェクトを運用しているのです。私が理事を務めている認定NPO法人「JKSK女性の活力を社会の活力に」でも、この考え方を基に、被災地でのさまざまなプロジェクトデザインやアジアの女性教育の支援を行っています。また、早稲田大学エクステンションセンターでも、オープンカレッジの講座としてインクルーシブ・リーダーシップが取り上げられ、私も講師を務めました。ここで紹介した医療の2事例は、まさにその実践例といえます。そして、周囲を巻き込むリーダーシップは、現代が必要としているリーダーシップのあり方ともいえます。

5.2 職場に活かすコミュニケーションマネジメント

(1) コミュニケーションとストレス

　問題を抽出するとき、そしてそれを他人に伝達するときには、以下の3つのポイントが必要となります。

- 役に立ちたいと思う（自主性）
- 今後のリスクを伝える（創造性）
- 聞き手の立場を考える（思いやり）

　これは、医療やものづくりなど、分野が違っても共通するものです。問題点に着眼する精度、伝え方の技術を向上する、つまり自主性、創造性、思いやりを向上させるには、自分自身にストレスがあってはうまくいきません。そこで、私の専門分野からコミュニケーションマネジメントに必要な要素のうち、ストレス反応とストレスケアについて解説します。

　周囲の人とうまく連携するためには、彼らへの興味を忘れてはなりません。しかし、心身にストレスがかかると、心の視野狭窄に陥ります。心の視野狭窄に陥ると、次のような状態になってしまいます（図5.2）。

- 人との接触を避ける
- 重要でないと思うことは無視する
- 短時間で処理しようとして無意識に手を抜く
- 責任を回避する

　このような状態では、情報を伝えるとき、抜け漏れが生じたり、伝えたいことが伝わらず、ピントがぼけてしまったりということにもつながります。

　自身にかかっているストレスについては、自覚できているのは実は氷

第 5 章　心の好循環サイクルをつくるためのチーム内コミュニケーション

行動化を妨げるもの
◆ 視野狭窄
　　高ストレス下では、心の視野まで狭くなる

◆ 退避症候群(S. Milgram)

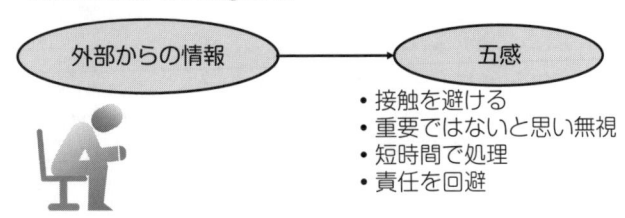

外部からの情報　→　五感

- 接触を避ける
- 重要ではないと思い無視
- 短時間で処理
- 責任を回避

図 5.2　人的リスク回避のヒント

山の一角といわれており、氷山の下に隠れた自覚できていない部分により体調や心や行動に悪い影響が出ることがあります(図 5.3)。本人が気づいていないストレスを自覚させ、自ら対処できるように促すことこそ、早期対応として重要なアクションです。改善活動における予防保全や KY(危険予知)活動と同じ考え方です。

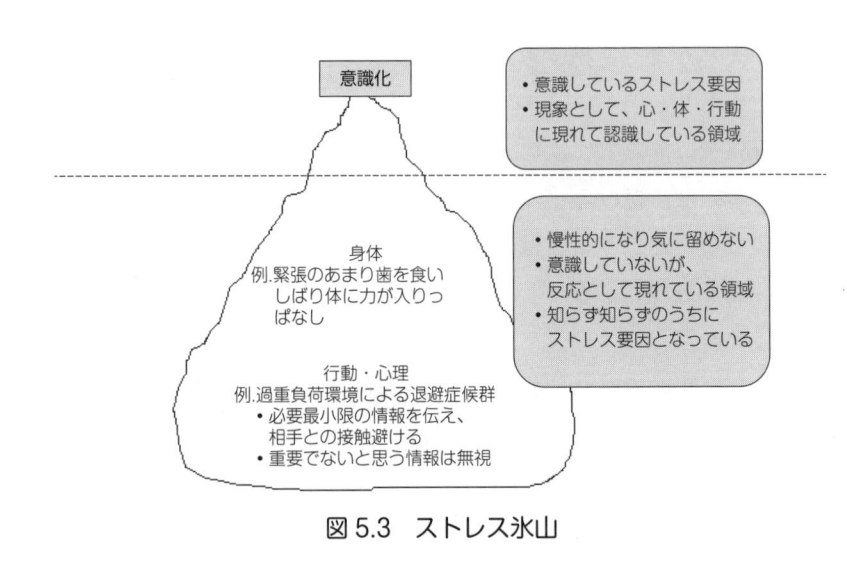

意識化
- 意識しているストレス要因
- 現象として、心・体・行動に現れて認識している領域

身体
例.緊張のあまり歯を食いしばり体に力が入りっぱなし

行動・心理
例.過重負荷環境による退避症候群
- 必要最小限の情報を伝え、相手との接触避ける
- 重要でないと思う情報は無視

- 慢性的になり気に留めない
- 意識していないが、反応として現れている領域
- 知らず知らずのうちにストレス要因となっている

図 5.3　ストレス氷山

(2) 自覚していないストレスに対処した事例

　私のお恥ずかしい事例を基に説明します。部下とお手洗いに行ったとき、洗面所で「すいません、私には手を洗っていないように思えたのですが、手を洗いましたか？」と聞かれました。私は、手を洗っていない自分に、そのときはじめて気づいたのです。ストレス氷山の下に埋もれていたストレスの意識化です。よく考えると、お手洗いに行ったとき、次の仕事で頭がいっぱいで、いろいろと考えをめぐらせ、早く次の場所に移動しようとしていました。つまり、集中していなかったため、お手洗いに行ったときに当たり前に行うプロセスを抜かしてしまったのです。

　ここからわかることは何でしょうか。ストレスが出てくると、私はお手洗いで手を洗い忘れる傾向がある、逆に言えば、手を洗い忘れたときはストレスがたまっていて、仕事でもミスが生じるリスクがある状況にあるということになります。私はこのことを認知し、自分の危険信号に気づくことができました。そして、お手洗いに行ったときは手を洗うことを頭にインプットし、気にするようにしました。これをストレスの意識変化と行動調整といいます。

　その後、手を洗っている様子を見た部下は、「今日は手を洗えてますね。うふっ」と声をかけてくれました。このとき、どんな小さなことでも自分を見ていてくれたんだ、と安心感が生まれ、次からもしっかり洗おうというモチベーションにつながり、今でも思い出せるほどの嬉しい気分でお手洗いを後にしました。

(3) イエローサインを見つけたときの対処法

　ストレスの反応に気づき、声かけをする。そして、見守り、改善のきざしがあったら評価する。この小さなサイクルこそがストレスの早期対

応なのです。ストレスサインを見逃さないために、ストレスがたまっている危険信号、イエローサインを次に列挙します。

- 遅刻、早退、欠勤が増える
- 仕事の能率が落ちる
- 思考力、判断力、集中力が落ちる
- 不注意によるミスや事故が目立つ
- ほうれんそう（報告・連絡・相談）が滞る
- あいさつや会話が減る
- 感情が不安定になる、怒りっぽくなる
- 身だしなみが乱れる
- 眠そうにしていることが多い
- 好きなことに興味をもてなくなる
- 飲酒量が増える
- 自信を失っている
- 手抜きが出たり、時間などの決まりごとを守らなくなる　など

自身のイエローサインにも注意が必要ですが、私の手洗いの例のように、他のメンバー同士、イエローサインを見つけたら「○○をしていない、○○はダメ」というメッセージを送るのではなく、以下のポイントを意識した声かけをしてみてください。

① 自分はこれが気になっている、という、主語を自分にしたアイ（I）メッセージを送る（あなたはできていない、と主語をYouにすると、責められていると感じてしまいます）
② 心配していることを伝える
③ 具体的なサポートを伝える

これらのポイントを使って声かけを実施してください。これによって、氷山に隠れてしまっているストレスを意識できる領域まで導くことができます。

(4) 「大丈夫？」の是非

　周囲の方のイエローサインに気づいたとき、「大丈夫？」という声かけは、安易に使わないでほしいのです。大丈夫という言葉は、相手を気にしているときに気軽に使ってしまう言葉ですが、言われた側としては、大丈夫でないのに「大丈夫です」とついつい返してしまう言葉でもあります。「大丈夫です」と聞いた側は、表面的に言葉を捉え、本人が言っているし大丈夫なのかなあ、と心配しつつも静観する傾向が強くなります。

　大丈夫という言葉についての解説として、私が経験した事象からひもときたいと思います。私は 2012 年 8 月から 2015 年 1 月までの 3 年間、東北大震災による原発事故後の福島県南相馬市で、市民向けに「職場のメンタルヘルス対策講座」を月 1 回開催し、震災と津波、放射能で帰還困難地域の対象となり、さまざまな課題を抱えていた市民に対して、心のケアや互いを支え合うコミュニケーション能力の向上を目的に介入していました。その中で、市民の皆様に周囲から言われて苦しかったり、腹立たしく思ったりすることについて聞いたところ、「大丈夫ですか、と人から言われること」が挙がりました。その理由は、以下のようなものでした。

- 大丈夫でない地域の人に「大丈夫？」と聞く心なさに嫌悪感がある
- 大丈夫だ、と自分の思いに蓋をしてしまい自分自身つらくなる

　心が疲れて大丈夫でないときに大丈夫かと聞かれたら、誰でも同じような思いになるはずです。大丈夫の蓋で思いを抑え込まず、周囲の人には、思いを語らせ、はき出させ、共感してほしいのです。

　では、「大丈夫？」を安易に使わないとして、その代わりにどんな表現をすればよいでしょうか。

(5) 心の窓を開く声かけ技法

　そのヒントはすでに本書に記述しました。イエローサインを見つけたときの3つのポイント(p.86)を思い出してください。3つのポイントを念頭に声かけすると、自分には気にしてくれる人がいるという安心感が生まれ、孤立させない効果もあります。ぜひ3つのポイントを使って声かけしてみてください。ストレスを少しでも軽減することができるかもしれません。

　3つのポイントから思いやりを感じたメンバーは他人にもその思いやりを伝えることができるのです。一度自分がよかったと感じたことは人にも伝えやすくなります。

　言葉は経験、と言われています。他者から受け取った温かさは必ずその人から別の人に伝えられ、チーム内でよいサイクルとなって循環します。これを私は「心の花束」と呼んでいます(図5.4)。

　ここで育まれた人を思いやる心は、仕事上の情報伝達のときに活きてき

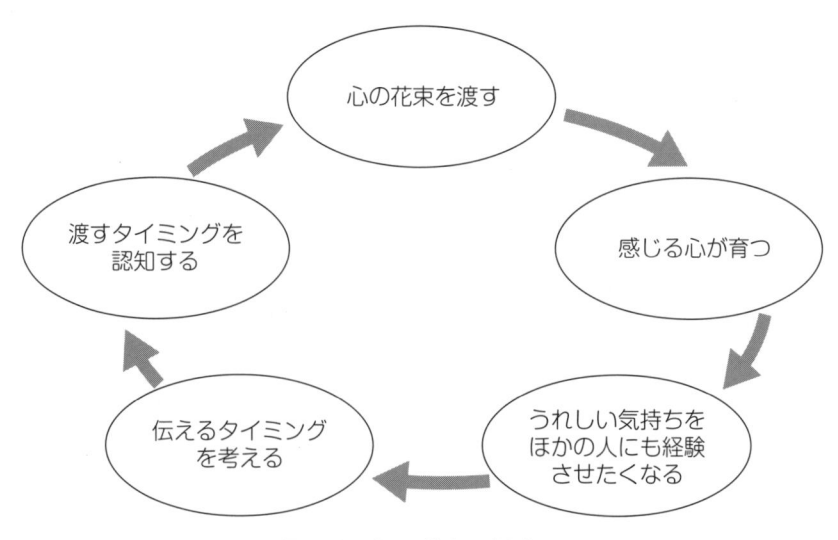

図 5.4　心の花束の概念図

ます。普段から思いやりの言葉をかけていると、どうすれば言葉がわかりやすく正確に伝わるか、表現を工夫する土台を築くことができるのです。仕事上のコミュニケーションは、日常の雑談力が問われるのです。

(6) 自主性・創造性を高めるためには

　先にも述べたように、仕事上での問題抽出は役に立ちたいと思う自主性、今後のリスクを考える創造性が必要です。自主的に動くにしても創造性を引き出すにしても、頭の中にさまざまな情報が入ってないと、自主性の根幹であるやる気や、創造性に付随しているひらめきは湧き上がりません。やる気やひらめきは、突然訪れるお客さまではありません。脳の中のさまざまな情報と情報の信号が、人のために動きたいというピュアな刺激により結合することで新しい回路が生まれ、やる気やひらめきにつながり、自主性、創造性を刺激します。

　問題抽出が苦手な人は、問題抽出が上手で説得力に長けている人の表現を頭にインプットするように心がけてください。その情報がたまると着眼点のポイントがわかり、問題が見えるようになって、自分が何かを発信するときの土台となります。問題抽出が上手な人は周囲に常に興味をもち、特に以下のような点が優れており、ものごとを捉え、考える能力があると考えられます。

- 問題抽出した理由を明確に伝えられる
  価値観の違う人が納得する理由を見つけられる
- 問題の意味を明確に理解させることができる
  原因と結果をひもづけできる
- 全体像を伝えられる
  部分のみでなく全体にどのような影響を及ぼすか、そのために何が必要なのか、急ぎなのかを伝えられる

　平たく言うと、「理由」、「意味」、「全体像」を語れる人の言葉をしっ

かりとインプットして、脳に刺激を与えて記憶に残してください。

　また、自ら気づいた問題について発信するときは、脳にインプットした情報に、相手を思いやる心を乗せてアクセスしてください。記憶の情報と自分がどうしたいかの思いが混ざり合い、やる気、ひらめきの扉が開き、自主性、創造性が高まるのです。そうなると、問題に着眼する精度が上がり、伝え方の技術が向上していきます。理由、意味、全体像をしっかり意識的に捉えているとすっきり相手に伝わり、ストレスがないコミュニケーションも取れるようになります。

（7）　相手に理解させ、意見を伝える方法

　また、この３つのポイント（理由・意味・全体像）は、相手に意見するときにも使えます。私のアシスタントは、私の講演中はスライドを進める、つまりタイミングを見てパソコンのボタンを押すという作業をすることが多いのですが、あるとき「つまらない仕事、何で私が人前でスライドを進めるだけの仕事をしなければいけないのか」と言わんばかりの態度で、その雰囲気が周囲に伝わったことがありました。そのとき、私は上記の３つのポイントを踏まえ、以下のように諭しました。

① 理　由：あなたにスライドを進めてもらうのは、次にあなたが講演を行うときに、講演のリズム感をわかっていてもらいたいし、どのスライドで聞いている人の反応がよいか理解してほしいからなの。
② 意　味：この訓練をしていると、あなた自身もより早く学べて、講演するとき困らなくなるのよ。
③ 全体像：今あなたがやっているボタンを押すという行為は、あなたの成長のプロセスの一部なの。ただボタンを押しているだけではないのよ。

　私の話を聞いたアシスタントは、これらのことを理解し、次に自分が

講師になる姿を見据えて、前向きに、楽しげにスライドを進めてくれるようになりました。

　また、この3つのポイントは、教育にも使うことができます。私が海上保安学校宮城分校（海上保安庁で唯一の航空機職員養成機関）の教官に向けて講習会をさせていただいたときのことです。

　「企業では、治具のマニュアルが複雑すぎて、量が多く、読んでもしっかり理解せずに使い、事故が起きると治具のマニュアルの量が増えてさらにわかりづらくなる、という悪循環が起きています。そちらではどうですか？」と私が質問すると、治具の事故は起きていないとのことでした。そして、「治具の事故を起こさないためにどのような工夫をしているのですか？」とさらに質問すると、主席教官の整備教官班長は腕を上に挙げ、手首をぐるぐる回すジェスチャーもつけながら、真剣な顔でこう語ってくれました。「治具は手だ。手は心で使え」

　日頃からそう教育されているそうですが、私はジェスチャーの声のトーンや表情、そしてこの短文の中に、3つのポイントがしっかり入っていたので、とても驚きました。

- 治具は手だ⇒イメージの湧く全体像
- 手は心で使え⇒腹落ちのする意味の明確化

　そしてこの言葉から、門外漢の私にさえ海上保安官として海上での命を守る仕事に就いていることの重要性が伝わってきました。ですから、ましてや保安庁の職員であれば、なおさら、なぜ教官はこの言葉を使ったか、理由がわかると思います。

　人命を守るために治具を心で使い、航空機を安全に飛ばすための整備を心を込めて、しっかり行ってほしい。これが教官からのメッセージだったと想像がつきました。この治具にマニュアルが存在していたらきっと、マニュアルをつくる側も使う人のために心を使い、わかりやすくつくることができると思うのです。この教官の言葉は全体像と意味の2点を伝えていましたが、理由は伝えずとも、このように言葉から拾え

るメッセージは存在します。言葉を使いこなし、相手に何を伝えたいか工夫することの大切さを考えさせられた教官からの貴重なメッセージでした。

　チームのメンバーに何かを伝えるときは、この2つの事例をぜひ思い出してください。何かを伝える前に少し頭を整理して、言葉の中に3つのポイントを織り交ぜると、コミュニケーションがよくなり、今まで以上にチームメンバーの情報共有が活発になることが期待できます。

(8) 6Sとは

　相手に指摘をしたらその後は必ず進捗確認のコミュニケーションをとってください。優れた進捗確認は、ストレスを和らげ次につなげることができます。その際の注意事項として、よい聞き方と悪い聞き方を参考にしてください（**表**5.1）。

　ものづくりの現場のみならず、事務・販売・サービスなどどの職場でも、仕事のみの会話や、問題点だけ伝達すればよいと思っている人がいるとすれば、その職場には笑顔がなく、つまらない職場になっている可能性があります。私は、職場に来てから帰るまで、仲間とどんな雑談をしたかが重要だと考えています。雑談の中には、今日あったこと、昨日から引きずっていること、家族のこと、うまくいったこと、うまくいかなかったことなど、さまざまな対話が含まれます。それを通じて仲間を理解するからこそ、本当に伝えなくてはならない必要な情報が通じるよ

表5.1　進捗確認

よい聞き方	悪い聞き方
・どんな工夫をしましたか？ ・それによりどんなことが前よりできていますか？ ・できないところがあれば何が壁ですか？	・言ったことをやりましたか？ ・まだできていないのですか？ ・失敗は許さないぞ

うになると思います。わからないことを質問できる関係性、「あれそうしといて」で通じる関係性もしかりです。私はこの関係性づくりをスマイル活動と名づけて、5S活動の次に取り組む「6S」として考えています。5Sとは、**表5.2**に示す考え方です。

そして、私が6つ目のSとして提案したいのは、スマイルのSです。読者のみなさまの職場に6Sを根づかせていただけたら、こんなに素晴らしいことはありません。

私は、1998年にメンタルヘルスの専門家として職業人生をスタートさせました。職場の困りごとに接する中で、職場の風土を改善して多くのスマイルを生み出すためには、個人への介入だけでは限界を感じ、職場全体に介入してボトムアップの改善をしたいという思いから、現在は改善活動に心の好循環サイクルを根づかせることに全力で挑んでいます。

産業競争力の一助として、働く人々の心理的側面をも組み込んだ改善活動が根づけば、本来日本が一番大切にしてきたものづくり、サービスづくりのための人づくりがさらにパワーアップすると考えています。

すべての取組みは対話から始まります。対話をするためには、対話し

表5.2　6S

整理	いらないものを捨てる
整頓	決められたものを決められた場所に置き、いつでも取り出せる状態にしておく
清掃	常に掃除をして、職場を清潔に保つ
清潔	3S(整理・整頓・清掃)を維持する
躾	決められたルール・手順を正しく守る習慣をつける

＋

スマイル	ものごとをポジティブに捉え、共感し、協働し、よろこびや苦しみを分かち合う習慣をつける

第 5 章　心の好循環サイクルをつくるためのチーム内コミュニケーション

宇都宮セントラルクリニック
ストレスドックのための
カウンセリングルームにて

日々の対話活動
↓
心のストレスを共有
↓
心の浄化作用（カタルシス）
↓
ストレス反応減少
職場適応大
↓
疾病予防
↓
健康経営

図 5.5　対話活動と心身の健康

ようという思いが必要です。何かをしようとする願望をつくるためには、心身ともに元気でいなければならないのは言うまでもありません（図 5.5）。

次章では、自分自身のストレスをどのようにマネジメントするべきか、セルフケアの観点からストレス対策のための技法を紹介します。心が元気であれば、どんなことでも乗り越えられます。少し心が疲れたとき、修復する技術を身につければ、対話する力を維持することができ、心の好循環サイクルを回し続けることができるのです。

第 **6** 章

自身の健康における改善とは

第6章 自身の健康における改善とは

　これまで、改善活動を行うための心の好循環サイクルの構築の仕方や、チームの風土・雰囲気をつくり上げるための方法論やマインドを説明してきました。

　今までお伝えしてきた内容は、チームをつくり上げている一人ひとりが健康であることを前提としています。改善活動に目を向けるためにも、改善への意欲を高めるためにも、チームのメンバーに興味をもち、互いの協力関係を結ぶための行動を行うためにも、すべての基本は個人の心身の健康です。

　そこで、本章では本書を手に取っていただいた方一人ひとりが仕事での改善活動をするのと同様に、ご自身の心身の健康に目を向けて、その問題や課題に気づく力を身につけ、それらに早期対処するための方法について解説します。

6.1　自身の健康の問題に気づく

（1）　自身の健康に意識を向けることの重要性

　冒頭で、私の元々の専門分野はメンタルヘルス、心の健康管理であり、カウンセリングも行っていると述べました。企業で働く方々とメンタルヘルスの領域で接する中で、いかにストレスに気づくことがおろそかになっているか、また、そのストレスを放置してしまい、症状が悪化してから対処を始める方が多いことを感じました。風邪や虫歯など、誰しもがよく経験するような病気も、早めの対処と悪化してからの対処では、回復までの時間がまったく異なることを体験されていると思いますが、ストレスによって心や体、行動に症状が出たときの回復までの時間や労力も同じです。悪化してからの対処ではなく、予防することが何より大切です。

仕事への意欲が高まり、チームのメンバーと楽しく活動するためにも、自身のストレスにいち早く気づき、早期の対処でご自身の健康を常に維持しておくためのコツを解説します。改善活動を行う際に生じがちなストレス要因や、ストレス反応によりうまく行かないことなども想定しながら説明していきますので、ぜひ皆さんもご自身のことを振り返りながらセルフチェックを行ってみてください。

(2) ストレスの原因とストレスが及ぼす影響

ストレスという言葉は、日常生活の中ではストレス原因とストレス反応の2つの意味を含んで使われています。ストレスの原因となるものごとを、ストレス原因またはストレッサーというのですが、ストレッサーには以下に示す4つのカテゴリーがあります(図6.1)。

① 身体的ストレッサー

病気や睡眠不足、加齢による体力の低下など、身体の状態がストレス原因となっているものです。

例:睡眠不足、二日酔い、アトピーで肌がかゆい、頭痛までするようなひどい肩こり、慢性的な疲労感、老眼などでものが見えづらい　など

② 環境的ストレッサー

騒音や天災など、環境の状態がストレス原因となっているものです。

例:工場内の騒音、作業場の温度が暑すぎる/寒すぎる、匂いがきつい、粉塵が舞っている、満員電車、地震などの自然災害　など

③ 心理的ストレッサー

自分の能力に対する不安や緊張感など、心の状態がストレス原因になっているものです。

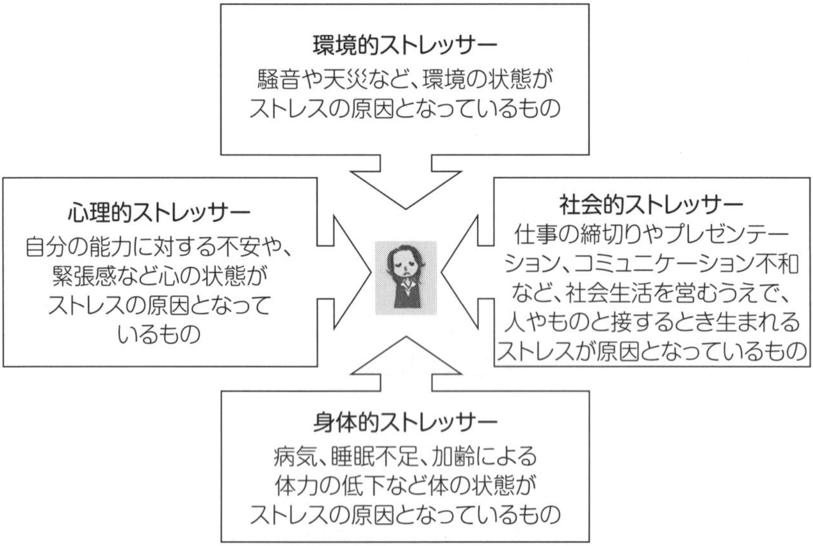

第 6 章　自身の健康における改善とは

```
               環境的ストレッサー
               騒音や天災など、環境の状態が
               ストレスの原因となっているもの

心理的ストレッサー                    社会的ストレッサー
自分の能力に対する不安や、            仕事の締切りやプレゼンテー
緊張感など心の状態が                  ション、コミュニケーション不和
ストレスの原因となって                など、社会生活を営むうえで、
いるもの                              人やものと接するとき生まれる
                                      ストレスが原因となっているもの

               身体的ストレッサー
               病気、睡眠不足、加齢による
               体力の低下など体の状態が
               ストレスの原因となっているもの
```

図 6.1　ストレッサーのカテゴリー

　　例：技術改革や生産方式が変わった、今までの技術が通用しない、普段の手順やルールが変わった、技術習得が複雑で困難、新ルールに意味を見出せない、変化に慣れていない、新しいことへの不安を感じやすい　など
④　社会的ストレッサー

　仕事の締切りやプレゼンテーション、コミュニケーション不和など、社会生活を営むうえで、人やものと接するときに生まれるストレスが原因となっているものです。

　　例：仕事の納期、異動、離婚、昇進・昇格、引越し、身近な人の死など

　これらのストレッサーを原因として現れるさまざまな症状をストレス反応といいます。ストレス反応には3つのカテゴリーがあります（図 6.2）。

98

6.1 自身の健康の問題に気づく

身体へ
頭痛、胃痛、下痢、ぜんそく、腰痛、高血圧、便秘、めまい、不眠、貧血、肩こり、肌のあれ、不整脈、息切れ

心へ
集中力の低下、自信喪失、不安、いらいら、疲労感、うつ気分、気力の低下、絶望感、気分のむら、楽しくない

行動へ
孤立している、人を避ける、会社・家庭でうまくコミュニケーションをとれない

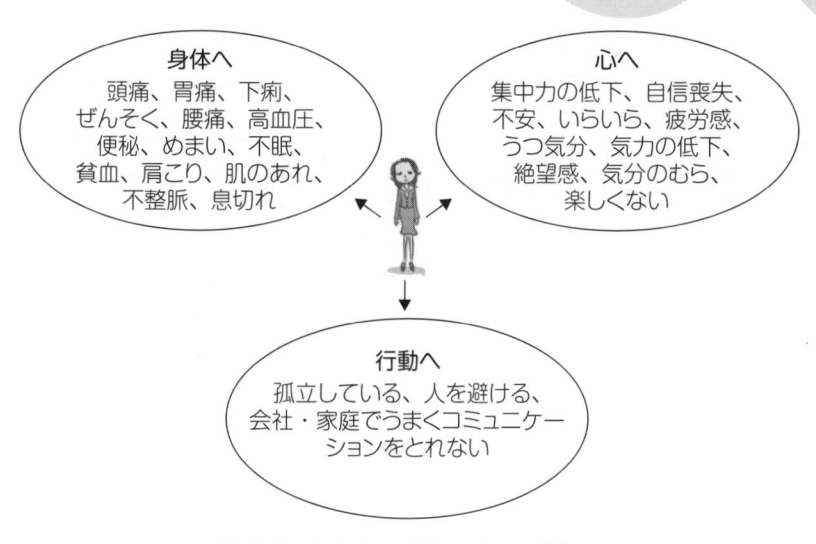

図 6.2　ストレス反応のカテゴリー

① 身体に出るストレス反応

悪化すると、ストレス関連疾患や虚血性心疾患、脳血管障害などの重大な疾患につながる可能性があります。

例：頭痛、胃痛、高血圧、便秘、下痢、めまい、不眠、貧血、不整脈、息切れ、肌のあれ、肩こり、ぜんそく気味　など

② 心に出るストレス反応

悪化すると、神経症、うつ病などのメンタル不全につながる可能性があります。

例：集中力の低下、自信喪失、不安、いらいら、疲労感、うつ気分、気力の低下、絶望感、気分のむら、楽しくない　など

③ 行動に出るストレス反応

悪化すると、アルコール依存、ギャンブル依存、対人依存などの依存が現れることがあります。また、欠勤やミスの多発、暴力行為などへつながる可能性があります。

例：孤立している、人を避ける、会社や家庭でうまくコミュニケー

ションをとれない　など

　これらのストレス原因やストレス反応は人それぞれです。自分にとって気になる音が、他の人にとっては気にならないということもありますし、改善活動などで人前に出ることが負担になる人もいれば、発表は負担ではないが、事前の準備で細かい作業が続くことがストレスと感じる人もいます。ストレス反応も、ストレスがかかるとお腹を下しやすい人もいれば、逆に便秘になってしまう人もいます。体調面よりも、イライラや焦りなど、心理的に反応が出る人もいます。

　また、どれか一つだけ目立って反応が出ることも、さまざまな反応が出ることも人それぞれですし、タイミングによって変わることもあります。ですから、心に反応が出たから精神的に弱い、とレッテルを貼るようなものではありません。ご自身の反応がどこに出やすいか、また出やすい反応はどんなものか知っておくと、少しその反応が出始めたらストレス対処をする、などと早めの対処ができます。

　風邪をひいたときでも、喉が少し痛いな、と感じた時点で、早めに寝たり、うがいや手洗いを心がけるだけで、悪化せずに回復できることもあります。過去の経験から、喉の痛みが風邪のはじまり、と知っているからこそ対処できます。ご自身のストレス反応の出始めや出やすい反応を考えてみてください。

(3)　ストレス反応のセルフチェック

　次に、ストレス反応のセルフチェックとして、簡単なポイントと解説を紹介します。以下の項目で、今のご自身の状況と合っている項目はありますか？
　☐朝ごはんを食べていない
　☐ぐっすり眠れた感覚がない
　☐自分の意見を人に伝えられない

6.1 自身の健康の問題に気づく

☐ 心を支えるサポーターが周りにいると感じることができない
☐ 仕事に身体がついていけない
☐ いつもどおり頭が働かない（記憶力や判断力に不安を感じる）

☑ **朝ごはんを食べていない**

　ストレス反応が行動に現れているといえるでしょう。カウンセリングルームに「常にめまいがして気持ちがふさいでいる。うつ病かもしれない」といって駆け込んできた方に話を聞いてみると、朝ごはんを食べていないことが多々あります。そして、朝食を少しでも食べるように促してみると、めまいがおさまり、明るい気持ちになってきた、ということがあります。

　朝ごはんを食べていない理由はさまざまで、夜遅くまで仕事をしていて夕食が遅かったために朝に食欲がないこともありますし、少しでも長く寝ているために抜いていることもあります。最近は、ダイエットで朝ごはんも食べていないという声も耳にすることがあります。

　朝ごはんを食べることは、身体の調子を整えるうえでとても大切です。脳が活動するためにはたくさんのエネルギーを必要としますが、脳がエネルギーと見なすのは炭水化物から分解されたブドウ糖です。人間は、朝に炭水化物を食べておかないと、午前中脳が働くためのエネルギー不足になってしまうのです。食欲がなくても、少しでいいのでパンやご飯、シリアルを口にしてみてください。

　また、朝ごはんを食べられないときは、それはストレス反応が出ているというサインでもあります。自身の健康のバロメーターにしてみましょう。

☑ **ぐっすり眠れた感覚がない**

　ストレス反応が身体に現れているといえるでしょう。夜遅くまで仕事をしたり、帰宅してからも常に仕事のことを考えてしまっていると、横になっても仕事のことを引きずってしまうことがあります。考え続けてしまうことで、あれもしなければならない、これもやっておかなけれ

ば、と寝つくことができずに頭が働いている状態になってしまい、ストレスの反応として寝つけないなどの症状が出ることもありますし、途中で何度も起きてしまうということもあります。また、早朝に目が覚めてしまい、そこからもう一度眠ることができなくなるということもあります。

　眠れない状態が続いてしまうと身体に支障をきたします。寝ている間に脳は記憶の整理や定着という作業を行っていますので、睡眠時間が足りないと情報が混乱したままになってしまい、疲れてしまいます。よく寝られていない感覚が続くときは注意が必要です。

☑ **自分の意見を人に伝えられない**

　ストレス反応が行動に現れているといえるでしょう。例えば、上司に対して自分の考えを伝えたり、上司の意見をしっかりと聞き、自分の理解を深めたりすることは、仕事で大切なことの一つです。通常行っていることだと思いますが、ストレスがたまってくると、何から話し始めたらよいかわからなくなったり、上司の顔を見て不安や恐怖を感じて話せなくなってしまったり、と人に意見を伝えることができなくなることがあります。

　改善活動で、リーダーから意見を求められても、自分の意見を伝えられないと感じることが何度もあるようでしたら、自身のストレス反応かもしれませんので注意しましょう。

☑ **心を支えるサポーターが周りにいると感じることができない**

　ストレス反応が心に現れているといえるでしょう。私たち人間は、ただ話すだけでも心の浄化作用が働き、ストレスが発散されるといわれています。第4章でも、改善ブリッジを架けるために互いに愚痴を吐き出すことで心のもやもやを浄化させ、そこから希望を見出していくというアプローチの仕方を紹介しました。話を聞いてくれるサポーターが周りにいることは、とても大切なことです。サポーターは、友人や家族、恋人だけとは限りません。仕事やチームの仲間、先輩、後輩、上司、部下

もサポーターです。

　心にストレスがたまってくると、「自分のことは誰も理解してくれない」、「周りに迷惑をかけてはいけない」などという考え方から抜け出せなくなることがあり、サポートを求められなくなります。困っていることや不満を伝えることも含め、サポートを求めないと、周りもサポートできません。そうなってしまうと、やはり自分のことは理解してもらえない、とふさぎ込んでしまい、さらにサポートを求めなくなる、という悪循環が生じてしまいます。

　周りにサポーターがいると感じられないとき、それは自身のストレス反応からそのように思ってしまっているだけということもありますので、自身のストレス反応として意識してみることも大切です。

☑ **仕事に身体がついていけない**

　ストレス反応が身体に現れているといえるでしょう。身体にストレスがかかると、頭痛・胃痛・吐き気・肩こり・どうきなど、さまざまな症状が出てきます。元気に仕事をこなすためには、身体の健康が第一です。身体の症状が出たときには、ゆっくりと休みをとる勇気も大切です。第5章で紹介したように、私たちが意識できるストレス反応は、ほんの2〜3割にすぎません。症状に気づいたときには、その水面下にもっとたくさんのストレスがかかっているので、気づいたときにすぐ対処することを心がけてください。

☑ **いつもどおり頭が働かない（記憶力や判断力に不安を感じる）**

　ストレス反応が心に現れているといえるでしょう。業務量が多くなりすぎると、うっかりミスや忘れ物をしやすくなります。今の自分に必要なのは、時間なのか、業務をこなす技術なのか、ストレス対処なのか、立ち止まって冷静に考えてみることをお勧めします。改善活動に打ち込むためにも、自身の記憶力や判断力、集中力などはとても大切な要素です。その分、改善活動中は、普段との違いに気づきやすいかもしれません。

(4) ストレス反応のメカニズム

　私たちの身体は、ストレッサー(ストレス原因・要因)がかかると自律神経が反応します。自律神経とは、睡眠中など意識しなくても働いている器官、例えば、心臓・呼吸器・循環器・消化器などを司っている神経です。自律神経は、交感神経と副交感神経とから成り立っていて、交感神経は緊張しているときに優位に働き、逆に副交感神経はリラックスしているときに優位に働きます。この自律神経はストレスに対して反応しやすく、2つの神経バランスが崩れてしまうと、上で述べたような自律神経が司っているあらゆる部分に症状が現れてしまうというメカニズムなのです。

　ただし、ストレスの原因があるからといって、必ずしもストレス反応が現れるとは限りません。ストレス反応を軽減するための方法については第7章で解説します。

6.2　ストレスがコミュニケーションに及ぼす影響

　ここでは、改善活動を行ううえで、ストレス反応の一つとして注意しておいていただきたいことを先にお伝えします。

　1.2節(3)でも述べていますが、ストレス反応の一つに、コミュニケーションへの影響があります。チームづくり、心の好循環サイクルづくりにとっても大切なキーワードであるコミュニケーションに関わるストレス反応について取り上げて説明します。

　お伝えしたいのはコミュニケーションリスクについてです。

　日常生活の中で、発信する側も情報を受信する側もストレスを抱えていることが往々にしてあります。

　例えば、改善活動においても、リーダー・メンバー双方がストレスを

6.2 ストレスがコミュニケーションに及ぼす影響

抱えている中で、リーダーがメンバーにお願いしたいことが5個あったとします。リーダーはその前の仕事の打合せで上司にミスを指摘され、そのことが頭に残っている状況でした。そのようなストレスを抱えていたため、ついつい眉間にシワを寄せ、怖い顔でメンバーに情報を発信してしまいました。そのうえ、ストレスの影響で5個のうち3個しかうまく言葉にできませんでした。自分の伝えたいことをうまく伝えられないのもストレス反応の一つです。その時点ですでに伝えるべきことが2個減ってしまっていますが、さらに情報を受信する側の状態も関わってきます。メンバーはその日寝不足で身体がだるく、集中力が続かない状況でした。そのような状況でしたので、リーダーが怖い顔で伝えてきたことに、自分の集中力のなさを怒っていると勘違いしてしまい、緊張しながら情報を受け取ることになってしまいました。緊張と不安からあいづちもぎくしゃくしてしまっています。そうすると、その場の雰囲気と自身の身体からの影響で3個のうち1個しか受けとっていないということも起こり得ます。本来届くべき5個の伝えるべき事柄が1個しか伝わらないことがある、これがコミュニケーションリスクです（図6.3）。どの

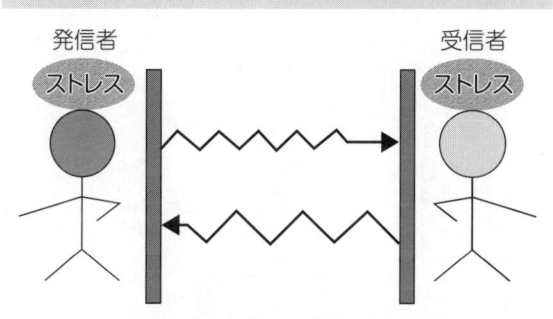

5個伝えたいが、受け止める側に3個しか伝わらない
送る側も受け止める側もストレスがあると、1個しか受け取れない。

図6.3 コミュニケーションリスク

ようなコミュニケーションにも起こり得るすれ違いです。

ここでは、互いがストレスをもっている状態であることを理解しておくことが大切です。第5章の心の好循環サイクルの改善ブリッジや役割の再構築でも述べたように、理由や意味、全体像などを意識することで、このすれ違いや情報伝達の漏れを防ぐことができます。

さて、ここまででストレスの原因やストレスの反応にどのように気づくかについて説明しました。気づいた後に必要なのは対処です。なぜ、ストレスへの対処が必要なのか、そしてストレスへの対処について紹介します。

6.3　ストレス対処の必要性

先にも述べたように、私たちはストレッサーがあるからといって、必ずしもストレス反応が出るとは限りません。ストレス反応が現れるかどうかは、個人がもつストレス耐性によって変わります。大きなストレッサーがあっても、本人のストレス耐性が強いとストレス反応はあまり現れないこともあります。逆に、小さなストレッサーのように見えても、本人の受け止め方次第で、反応が大きく現れてしまうのです。

ストレス反応は、ストレッサーとストレスの受け止め方のかけ算といわれています（図6.4）。大きなストレッサー（例えば10と表現しましょ

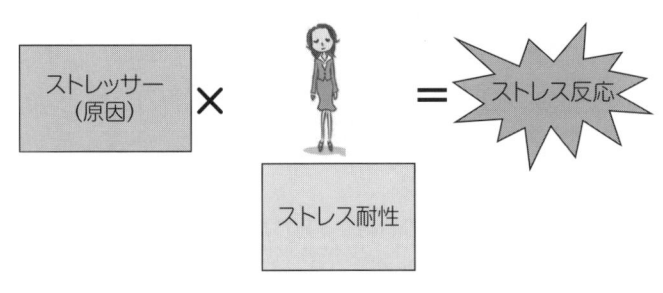

図6.4　ストレス公式

う）に対して、ストレス耐性が弱く 10 の辛さとして受け止めてしまうと、かけ算で反応は 100 となります。同じ大きなストレッサー(10)がかかっても、受けた人のストレス耐性が強く 2 の辛さとして受け止めたとすると、反応は 20 にしかなりません。私たちは、日常生活の中でとても多くのストレッサーに囲まれていますが、このストレッサーを変えたりなくしたりするのはむずかしいことです。例えば、上司がストレッサーでも上司を変えることはできません。お客さまからの納期がストレッサーだとしても、お客様に納期を変えてもらうことはなかなかむずかしいと思います。そこで、ストレス反応はかけ算であるという特徴を生かして、ストレス耐性を強め、ストレスの受け止め方を軽くする、つまりストレス耐性を強めることで、ストレス反応を和らげながら、ストレッサーにうまく向き合える力を身につけてほしいのです。

第7章

ストレス対処法

第7章 ストレス対処法

ストレス耐性は、本人の受け止め方も影響しますが、ストレス対処を適切に行うことで強めることができます。私は日頃カウンセリングを行うことで、ご本人の受け止め方を修正するお手伝いをしたり、ストレス対処法を一緒に探すお手伝いをしています。そこで本章では、私のようなカウンセラーが近くにいなくても、ご自身で読んだり、シートに記入したりすることで身につけていただけるストレス対処法を紹介します。

7.1 ストレス対処法の分類

ストレス対処法にはさまざまな種類のものがあり、正解があるというものではありません。ご自身が自分を楽にするための方法として、日ごろから心がけ、日常的に生活に取り入れられるものがよいでしょう。もちろん、旅行や長期休暇などもストレス対処法になりますが、条件がそろったときにできるようなストレス対処法だけではなく、日常生活に組み込めることもとても大切ですので、さまざまなストレス対処法を身につけておくことが大切です。

ストレスがたまっていると、ご自身のストレス対処法が何かわからなくなることもあります。そこで、ここでは今の皆さまご自身を振り返っていただき、その状況に合ったストレス対処法を紹介しますので、ぜひセルフチェックを行いながら、参照するページを見て対処法を試してみてください。ここで紹介するのは、

(1) 身体からのストレス対処

(2) コミュニケーションからのストレス対処

(3) 心からのストレス対処

(4) 環境からのストレス対処

(5) アルコールマネジメント

の5カテゴリーです。次節のセルフチェックを行い、チェックが多いカテゴリーから始めてもよいですし、気になるところからはじめてもかま

いません。また、ストレス対処はストレス反応が出ている部分から行わなくてもかまいません。例えば、頭痛や腹痛などの症状が出ているとき、身体にストレス反応が出ているからといって、身体からのストレス対処として運動をしなければいけないというのではないのです。6.1節(2)項で説明したように、3種類の反応に対し、別の角度からストレス対処を試してもよいのがストレスケアです。したがって、頭痛や腹痛を感じているときに、心からのストレス対処として仕事の優先順位をつけ直すことで、頭痛や腹痛を和らげることができるかもしれません。次節からのセルフチェックはあくまでご自身の振り返りのきっかけとして使ってみてください。

7.2 セルフチェックと解説

このセルフチェックは、改善活動や日々の仕事を行う前に、自分自身でチェックし、心身を少しでもよい状態に改善するきっかけとして使用してください。ここではセルフチェックと解説として参考資料をつけています。参考にしてみてください。

(1) 身体からのストレス対処ーセルフチェックと解説ー

☐ 身体が緊張している
☐ 忙しい日が続いている
☐ 運動不足だなと思うけれど、どうしたらよいかわからない
☐ 食事を抜くなど、バランスのよい食生活を送れていない

第7章　ストレス対処法

解説

☑ **身体が緊張している**

　身体の緊張という形でストレス反応が出ることがあります。また、ずっと同じ姿勢をとっていたり、仕事で緊張したりする時間が多いと、身体も緊張してしまうことがあります。自分の身体に意識を向け、身体の緊張に気づき、その緊張を解くことで、身体のリラックスを心がけましょう。

　⇒対処法の【身体】-1、【身体】-2、【身体】-3をご参照ください。

☑ **忙しい日が続いている**

　忙しい毎日が続くと、どうしても身体に出るストレス反応を無視しがちになります。納期が近いなど、業務内容を変えられない場合は、身体の状態を整えるだけで、慢性的にたまりがちなストレスを、その場その場で解消することができます。身体のリラックスを心がけましょう。

　⇒対処法の【身体】-2をご参照ください。

☑ **運動不足だなと思うけれど、どうしたらよいかわからない**

　激しい運動をする必要はありませんが、散歩など手軽なものからはじめてみてはどうでしょうか。会社によってはフィットネスジムなどの施設と契約していることもあるので、チェックしてみるとよいかもしれません。また、仕事場でちょっと息抜きの時間をとって、その場でできるストレッチをするだけでも効果的です。

　⇒対処法の【身体】-4をご参照ください。

☑ **食事を抜くなど、バランスのよい食生活を送れていない**

　忙しい毎日で、朝食を抜いてしまったり、外食が増えてしまったりしている人もいるかもしれません。朝食を摂ることは脳や身体のためにと

ても大切なことです。1日を元気に過ごすためにも、エネルギーとなる食事に気を配ることが重要です。

⇒対処法の【身体】－5をご参照ください。

対処法
【身体】－1　身体と心のバランススコアリング

　ストレスマネジメントの基本は、今の状況を把握することです。身体と心は密接につながっていますので、身体の健康は心の健康にもつながります。今のご自身の状況を見える化するために、スコアリング（点数をつけること）をしてみてください。

　今の身体の調子がとてもいい！　どんどん動ける！　という状態を10点、身体の調子が最悪で、動くのも辛いという状態を1点とします。

　また、今の心が安定していて元気はつらつとし、前向きに考えられるという状態を10点、不安や心配があり、気持ちがふさいでいる状態を1点とします。以下の手順で自身の状態をスコアリングしてみてください。

① 今のあなたの身体／心の状態は何点ですか？
② では、その点数があと1点上がっていたら今とどう違うでしょうか？　ご自身の身体／心が1点上がった状態をイメージしてみてください。
③ イメージした1点上がった状態にするために必要なものは何でしょうか？　リストアップしてみましょう。
④ リストを見直して、今すぐ始められることから始めてみましょう。

　人間は想像し、頭の中でイメージしたことを実行しやすくなるという能力をもっています。今のスコアより1点上がった状態をなるべく詳細に思い描くことで、前向きに改善策を考え出し、実行するステップに踏み出しやすくなります。

【身体】－2　腹式呼吸

　身体をリラックスさせるためには、呼吸法が有効です。呼吸は、自律神経系ではあるものの、意識的に早さ、深さ、方法をコントロールでき、腹式呼吸は自律神経のバランスを整えるために効果的といわれています。ゆったりとした深呼吸は睡眠時の呼吸に似ているとされ、脳が睡眠時にふさわしい信号を送ります。そうすると、身体全体がリラックスしているときの状態になります。腹式呼吸の手順は以下のとおりです。

　事前準備として、自分が好きな香りやゆったりとできる音楽をかけてみましょう。
① 　眼を閉じて、右手をお腹に置き、左手を胸の中央に置いてください。
② 　静かに呼吸をして、自分の呼吸を意識しましょう。
③ 　どちらの手がふくらみを感じますか？
④ 　胸で呼吸をしていたら、1、2回大きく息を吐き、肺の奥から完全に空気を吐き出してください。次の呼吸から腹式呼吸が始まります。
　　大きく吸って、大きく吐きましょう。お腹のふくらみを感じながらまた吸いましょう。
　　ゆっくり自分のペースで進めてください。
⑤ 　両手をお腹にのせ、呼吸の様子を確かめてみてください。
⑥ 　鼻から息を吸い込んでください。
⑦ 　ゆっくりと口から息を吐きながら、お腹を手で押さえましょう。
　しばらくそのまま鼻から吸い、口から吐く呼吸を続けましょう。

【身体】－3　緊張に気づく

　昼間の活動で、体は知らず知らずのうちに緊張しているはずです。緊張は肩こりや頭痛を引き起こし、体の調子を崩すもとにもなります。日々の自身の緊張に気づくことで、早めに対処できます。自分の身体や心の状況に意識を向けることは、思っているほど簡単ではありません。辛くなってから気づくのではなく、少し違和感がある程度で気づけるスキルを身につけましょう。

　ストレス反応の症状として、筋肉の緊張があります。自分の身体の緊

張している部分に意識を集中させましょう。呼吸法を続けながら、自分の身体に意識を集中させてみましょう。どの部分が緊張しているのかを探す、座りながら手軽にできる方法を紹介します。身体の緊張を探す手順は以下のとおりです。

---

① 目を閉じて、腹式呼吸を行います。
② 身体の内部に、レーダーがあって、体中をスキャンしているとイメージしてみてください。
③ 息を吸います。
　プレッシャーがかかっている部分、緊張している部分、痛い部分を探してください。
　頭、顔、首、肩、腕、手、胸、お腹、腰、おしり、太もも、ひざ、ふくらはぎ、足首、足の甲、足の指
④ 息を少し止めます。
⑤ 息を吐きます。
　プレッシャー、緊張、痛みが和らいでいきます。「穏やかだ」、「平和だ」、「静かだ」など、自分が落ち着く言葉を言ってみるのも効果的です。
⑥ 上記を繰り返します。

　上記の方法を試してみても、自分の身体に意識を集中するのがむずかしい、または身体の痛い部分はわかっても、リラックスができないという方は、テンション&リラックスという方法を試してみてください。テンション&リラックスの手順は以下のとおりです。

---

① 目を閉じ、息を吸います。
② 身体中を緊張させましょう。頭、顔、首、肩、腕、手、胸、お腹、腰、おしり、太もも、ひざ、ふくらはぎ、足首、足の甲、足の指、すべてを緊張させます。隅々まで力を入れます。体中が硬い状態です。
③ そのまま息を少し止めます。
④ 息を吐きます。身体中の力を抜きます。完全にリラックスします。
⑤ 今度は自然に息を吸います。息を吐くとともに、自分の身体の重さを感じます。体が心地よいバランスを取り戻すまで、自然に腹式呼吸を続けます。
⑥ 完全にリラックスできるまで、上記を繰り返します。

身体の緊張に気づけたら、感覚→感情→考え→欲しいもの→今できることという順で意識に集中を向けてみましょう。

それができたら、その5つを書き出して、今の自分を知るきっかけにしてみてください。

感覚	今、何が見えていますか？ 何が聞こえていますか？ どんな匂いがしますか？ 肌に何か感じていますか？ 口の中はどんな味ですか？
感情	今、どんな気持ちですか？ 直感で、楽しい、悲しい、など表してみましょう。
考え	今、どんなことが頭を巡っていますか？ 頭の中で自分に問いかけたり、話しかけている言葉はありますか？
欲しいもの	今、大切なものは何ですか？ 今、欲しいものは何ですか？ 物でも、精神的なものでも、何でもかまいません。
今できること	今、欲しいものを手に入れるためにできること、今、喜んでやりたいなと思えることは何ですか？ 緊張している部分を治すためにできることはどんなことでしょうか？

【身体】－4　運動の効果

運動することで、身体の健康だけでなく、心の健康にもつながります。無理をせず、自分のペースでできる運動を見つけてください。ここでは簡単なストレッチを紹介します。

7.2 セルフチェックと解説

①伸び
- 手のひらを天井に向けながら肘を伸ばす。
- 息を吸いながらしっかり伸びて、息をはきながら両手をゆっくり下ろす。

2回

Point 肘や肩が痛ときは無理をしない

②肩上げ（筋弛緩）
- こぶしを握り両肩にぎゅっと力を入れる。
- 次にストンと力を抜いて脱力する（何度か繰り返し行う）。

3回

Point 脱力したときの気持ちよさを感じながら行う

③胸開き
- 腰の後ろで両手を組み、ゆっくりと肘を伸ばし胸を開く。
- 余裕があれば両手を斜め上に上げる。

2回

Point 腰が反らないように

④背中伸ばし
- 両手を体の前で組み、背中を丸める。
- 両手は前に伸ばし、おへそを見ながら背中を後ろに引く。

Point 背中をしっかり丸める

⑤ハムストレッチ
- 浅くいすに座り、右足を前に伸ばし、つま先は天井に向ける。
- 左膝に両手を置き、体を前に倒す。
- 足をかえて反対も同様に。

左右10秒ずつ

Point 背中を丸めず腰から前に倒す

【身体】−5　食生活を整える

　まず、日ごろの食生活を思い出して、以下の項目について確認してみてください。

　　□ファーストフードやインスタント食品を食べることが多い
　　□好き嫌いが多い
　　□朝食を抜いてしまうことがある
　　□好きなものをたくさん食べてストレス発散することがある
　　□過度のストレスを長期間感じている

☑ファーストフードやインスタント食品を食べることが多い

　ファーストフードやインスタント食品の多い食生活は、動植物性脂肪やエネルギーのとりすぎ、ビタミン・ミネラルの不足につながります。そうなってしまうと、ストレスに弱くなり、イライラしたり不安になりやすくなります。また、ジャンクフードを好む人は、ビタミンB_1が欠乏しやすくなります。ストレスを受けると、身体の中で急激にビタミンB_1が失われます。ビタミンB群はエネルギーをつくり出す大変重要なビタミンです。また、ビタミン群が不足すると疲労物質がたまってしまい、これが筋肉中にたまると疲れを感じ、「肩こり」となります。できる限りファーストフードやインスタント食品を日常の食生活から減らし、ビタミン・ミネラルをしっかりとりましょう。

☑好き嫌いが多い

　ストレスを解消するためには栄養のバランスも大切です。栄養が不足すると、ストレス耐性が低下してしまいます。食べ物の好き嫌いが多いと、栄養のばらつきが出てしまい、ひどい場合は病気になってしまうこともあります。バランスを意識して食事しましょう。

　ストレスを感じたときに積極的にとるとよい栄養素は、以下のものです。

- ビタミン（特にビタミンC、β-カロチン、ビタミンEなど）
- 良質なたんぱく質

- 多種のミネラル

　これらの栄養素が含まれている食物は、野菜(特に緑黄色野菜)、果物、肉、魚、卵、牛乳、乳製品、芋、豆、海草、根菜類などです。

☑ **朝食を抜いてしまうことがある**

　朝食を抜いたり、ダイエットのために食べる量が極端に少ないと、低血糖という血液中の糖分の量が低い状態になる可能性があります。糖分は脳のエネルギーとなるので、不足すると脳の働きが悪くなり、いらいらしやすくなります。また、朝食は午前中の脳を働かせるために大切なエネルギー源となります。業務をしっかり行うためにも朝食は欠かさず食べましょう。

☑ **好きなものをたくさん食べてストレス発散することがある**

　ストレスによって、過激な食欲や食欲の低下を起こすことがあります。例えば、好きなものを食べると気持ちよく感じますが、それはある種ストレス発散の代わりの行為です。くせになると体調不良につながるので、食べることで気晴らしをするのは避けたほうがいいでしょう。食欲が低下してしまう場合は、調理法や盛りつけを工夫すると効果があります。

☑ **過度のストレスを長期間感じている**

　過度のストレスが長い間続くと、栄養障害の心配も出てきます。ストレスと栄養には深い関係があります。例えばストレスにさらされると、その状態を改善して身体中の働きを保とうとするため、ビタミンCが必要になります。つまり、ストレスが多くなるとそれだけたくさんのビタミンCが必要になるのです。また、カルシウムには脳細胞の興奮を抑えて気持ちを落ち着かせる作用があるので、十分なカルシウムをとることで精神を落ち着かせ、ストレスに耐えることができるようになります。

(2) コミュニケーションからのストレス対処ーセルフチェックと解説ー

☐ 人から、自分が思っていることとは違う印象をもたれることがある
☐ コミュニケーションがうまくいかないと感じることがある
☐ 思いをうまく伝えられない

解説

☑ **人から、自分が思っていることとは違う印象をもたれることがある**

　コミュニケーションをとるとき、話す言葉そのものだけでなく、身ぶり手ぶりや表情など、非言語によるコミュニケーションによってメッセージを受け取ることもあります。自分が意識していないところで非言語によるコミュニケーションで相手にメッセージを伝えていることを意識してみましょう。

　⇒対処法の【コミュニケーション】－1をご参照ください。

☑ **コミュニケーションがうまくいかないと感じることがある**

　コミュニケーションがうまくいっていないと感じていると、周りにサポートを求めづらくなり、周りもサポートしづらくなるので、さらにサポートを求められなくなるという悪循環に陥ってしまいます。コミュニケーションが悪循環に陥るとどのようなことが起きるのか、知っておくことが大切です。そして、悪循環から抜け出す方法を身につけましょう。

　⇒対処法の【コミュニケーション】－2をご参照ください。

☑ **思いをうまく伝えられない**

　コミュニケーションのポイントは、自分の思いをきちんと相手に伝えることです。心の中で考えている思いは、言葉にしないと相手に伝わりません。コミュニケーションをとる前に、自分の思いをまとめたり、言葉にしておく準備をすることで相手に思いを効果的に伝えることができ

ます。言葉にするためのポイント、相手に伝えるポイントを知っておくことが大切です。

　⇒対処法の【コミュニケーション】－3をご参照ください。

対処法

【コミュニケーション】－1　非言語コミュニケーション

　コミュニケーションでは、言語によるコミュニケーションと非言語によるコミュニケーションの二つからメッセージを送り、また受け取っています。非言語コミュニケーションとは、髪型・服装・表情・視線や声の大きさなどが含まれます。

　非言語コミュニケーションでは、コミュニケーションの根底に流れるもの＝感情を伝えているのです。

```
─────────── 受け止め方 ───────────
  髪型   ボサボサ          ┐
  服装   ボタンが取れている ┘ 信用して仕事を任せられない

  表情   目の輝きがない    ┐
  顔色   青白い            ┘ すぐに諦めて、達成できそうにない

  口調   早口                急いでいるのかな
  動作   キョロキョロしている  話に興味がないのかも
```

　どんな風に受け止められるのか、イメージしてみましょう。

　自分が伝えたいことは話しても、人の話を聞くときは、よそ見・ソワソワしているAさんと、口数は少ないけれど相手の心に沿ってじっくり話を聞いているBさんとでは仕事に対する信頼も変わってきます。また、会議で発言するとき、髪型はボサボサ、服装はヨレヨレで、弱々しい声で発言したAさんと、髪型はきれいにまとまっていて、服装はアイロンがきちんとかけられたシャツを着てきて、ハキハキと発表したB

さんの発表では、どちらの人の話を聞こうと思いますか？　おそらくBさんでしょう。Bさんが話すと説得力を感じるのではないでしょうか。

このように、非言語コミュニケーションによって相手への伝わり方は変わってくるのです。改善活動をする際も同様です。ご自身が意見をしっかり伝えたいときは、自分の言葉だけでなく、姿勢や服装、表情などにも意識を向けてきちんと相手に届かせるように話せるとよいのです。

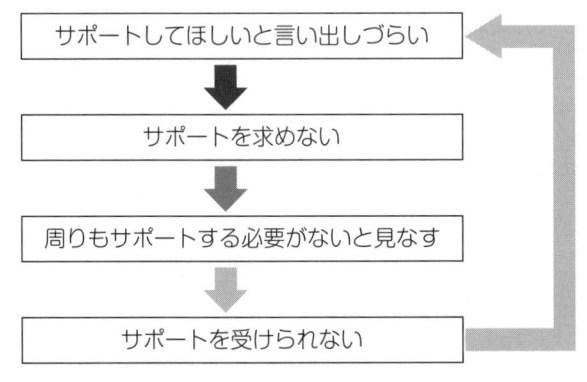

【コミュニケーション】－2　コミュニケーションの悪循環

コミュニケーションがうまくできなくなると、周りにサポートを求めようとせず、それによって周りもその人をサポートしなくなるという悪循環になってしまいます(図7.1)。

周りからサポートを受けようとせず、この悪循環にはまってしまうと、コミュニケーションがはかれないだけでなく、関係が険悪化してしまったり、孤立してしまったりします。では、コミュニケーションの悪循環から抜け出すためにはどうしたらいいのでしょうか。その方法を図7.2にまとめました。

まずは、何をしてもらいたい、どのようなサポートがほしいと思って

図7.1　コミュニケーションの悪循環

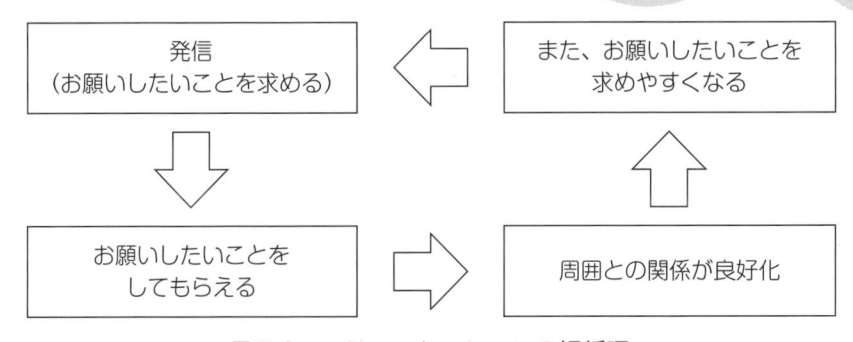

```
発信                    また、お願いしたいことを
(お願いしたいことを求める) ←  求めやすくなる

↓                              ↑

お願いしたいことを  →   周囲との関係が良好化
してもらえる
```

図 7.2　コミュニケーションの好循環

いるのか、自ら発信することです。言葉で伝えることが大切です。

　業務の滞りも実はコミュニケーションの悪循環からきているものも多いのです。サポートを求めないでいる部下へも、必要であれば介入してください。リーダーはメンバーがうまく物事を言葉で伝えられていない様子などが見られたときは、そのままにせず、積極的に関わることも大切です。

【コミュニケーション】-3　コミュニケーションの内容を整理する

　コミュニケーションに問題を抱えていると感じたら、まずは相手に伝えたいことを文章にするくせをつけるとよいでしょう。心にゆとりがあるとき、自分の思っていることを文章にしてみましょう。思いを文章にするときのポイントは、以下の4つです。

> ① 自分自身が思っていることを、自分自身に打ち明けます。
> ② それをすべて文字で書き出します。肯定的な言葉と否定的な言葉を両方使ってください。
> ③ 書いた後に、一息ついて、文章をチェックします。
> ④ チェックした後に、書いたことを語る相手を探してください。

第7章　ストレス対処法

　このとき、否定的な言葉と肯定的な言葉の両方を使ってみることによって問題の違う側面が見え、問題解決に向けての糸口が見えやすくなります。

（3）　心からのストレス対処ーセルフチェックと解説ー

- □今のストレス状態を知りたい
- □気持ちを明るくしたい
- □自分に自信をもちたい
- □やるべきことを整理したい
- □今の感情を整理したい
- □落ち込んだ気分から抜け出したい

解説

☑今のストレス状態を知りたい

　今のストレス状態を知ることは、ストレス対処の第一歩です。まず、1日の中で、自分の気分がどのように変わるか客観的に見ることが大切です。

　⇒対処法の【心】－1をご参照ください。

☑気持ちを明るくしたい

　落ち込んでいるとき、自分の気持ちに明るい風を吹き込むことは大切です。

　⇒対処法の【心】－2、【心】－3をご参照ください。

☑自分に自信をもちたい

　今までやったことがないことに挑戦するとき、自分に自信をもって望むことは大切です。自己効力感がアップする4つの方法をお伝えします。

⇒対処法の【心】－4をご参照ください。

☑やるべきことを整理したい

　やるべきことが多すぎて何から手をつけたらよいか迷っているときは、まず書き出すことが大切です。
　⇒対処法の【心】－5をご参照ください。

☑今の感情を整理したい

　感情を整理して、その裏にある本当の気持ちを知ることは、自分を知るためにも、相手を知るためにも大切なことです。
　⇒対処法の【心】－6をご参照ください。

☑落ち込んだ気分から抜け出したい

　落ち込んだ気分を抜け出すための方法を知っておくことは大切です。
　⇒対処法の【心】－7をご参照ください。

対処法

【心】－1　気分の変動を把握する

　気分の変動を把握するためには、1日の気分の動き（デイリームード）を観察することが必要となります。
- 気分転換をしたいが、忙しくてきっかけがつくれない
- 1日の中で気分の変動が激しくて自分でコントロールできない感じがする

　このような場合には、「デイリームードチェックシート」で毎日の気分を採点してみましょう。

① 「普通の気分」であれば5を、「気分がよい」と感じた場合には5より高い点数を、「気分が悪い」という場合には5より低い点数をつけます。記入例を参考に、自分の気分について記入してください。

「デイリームードチェックシート」の記入例

デイリームード CHECK SHEET

①─②─③─④─⑤─⑥─⑦─⑧─⑨
とても憂鬱　　　　　普通　　　　非常に幸福・楽しい

測定時間	気分の点数	そのように感じた理由	排除できるストレス原因	排除できないストレス原因
朝	4	朝、なかなか起きることができなかった。昨晩遅くまで仕事をしすぎた。	残業過多	
昼食時	6	おいしいランチを、同僚と話しながら食べた。		
夕食時	8	仕事が終わってホッとした。ビールを飲んだ。		
就寝時	2	頭が冴えて、なかなか眠れなかった。	ビールを控える	仕事のことが頭から離れない
一日の平均	5	朝と夜は低いが、日中気分が上がることがわかった。	朝、夜の気分転換	
コメント・気付き：夜アルコールを飲む習慣が、もしかしたら朝起きられず夜眠れない原因かもしれない。				

② 気分の点数をつけたら、その隣の欄に、なぜそのような気分になったかについて、考えられる主な理由を2つ記入してください。

　気分の変動を把握することによって、無理のない活動予定を立て、より生産的にすごすことができるようになります。例えば、午前中は気分がダウンしやすいとわかれば、重要な取引先や苦手な人との打合せはなるべく午後にするなど、対策できます。「最近なんとなく気分がゆううつだ」などと気分の変動を感じる場合、自分の気分についてよく知るこ

とが対処に向けた一歩になります。

【心】－2　楽しいことの見つけ方

　忙しいとついつい楽しいことが思い浮かばなくなったり、考えることすらおっくうになるときがあります。気分のよいときに、自分の気分転換に必要なものを洗い出し、「楽しいことリスト」としてリストアップしておきましょう。

- 気分がよいときに楽しめるもの
- 気分が落ち込んでいるときに心のスイッチをリラックスモードにするもの

　このとき、かつて楽しんでいたこと、今後やりたいと思っている楽しいことを最低5個、思いつく限り列挙してください。リストに挙げるものは、効率を追求しないもの・時間を忘れることができるもの・集中できるもの・完了できるものなどがお勧めです。

　自分のストレス発散法の中に、人にあたる、車を飛ばして追い越しをするといった項目を挙げる方もいらっしゃいます。その一瞬はすっとした気持ちになるかもしれません。しかし、これはストレス対処法ではなく、ストレス反応が行動に出ているものです。もし、ご自身の「楽しいことリスト」の中にこのような項目が出てきたら、ストレスがたまっているなと自覚して、別の対処法を考えてみてください。

　また、パチンコやギャンブル、お酒といった項目を挙げる方もいらっしゃいます。これはストレス発散としては有効な部分をもっていますが、ストレス発散で行っているつもりが、お酒を飲むために仕事をするといったように、いつの間にかその行為自体が目的になってしまうことがあります。そのときは要注意です。お酒を飲むことでコミュニケーションをより楽しくするなどと意識し、コミュニケーションより何よりお酒、とならないように、目的と手段を混同しないように気をつけましょう。

第7章　ストレス対処法

「楽しいことリスト」の記入例

楽しいことリスト		
1. ドライブ	11. 夕日を眺める	21. 釣りに行く
2. 友達と話す	12. 波の音を聴く	22. 犬と散歩する
3. 美容院/理容院に行く	13. 寝る	23. ウォーキング
4. 音楽を聴く	14. 映画を見る	24. 旅行に出る
5. 花を買う	15. スポーツをする	25. ビリヤード
6. 読書をする	16. カラオケ	26. バッティングセンター
7. パズルをする	17. 好きな香水をかぐ	27. ボーリング
8. 買い物をする	18. 想像する	28. 子どもと遊ぶ
9. 新聞を読む	19. 部屋を掃除する	
10. ゆっくり風呂に入る	20. 楽器を演奏する	など

【心】-3　前向きな思考をもつ

　前向きな思考をもとうとしても、ストレスが高いとなかなか考え方を変えることができません。そんなときは、「ポジティブメッセージ作成シート」を活用して、前向きな考え方ができるように練習してください。自分に前向きな思考(ポジティブメッセージ)をかけてあげましょう。練習をしていくと前向きな思考を出しやすくなります。これは、以下のような場面で効果的です。

- 気分がよくないとき
- ネガティブな思考が頭を巡るとき
- 「To Doリスト」(p.132)をこれからつくるとき

「ポジティブメッセージ作成シート」の記入例

ネガティブメッセージ	ポジティブメッセージ
1. いつだって締切りに間に合ったためしはないんだから！	1. 完成しないかもしれないけど、前より上達しているぞ。
2. 緊張しちゃってまともに考えられない！	2. すごく緊張しているけれど、深呼吸すれば大丈夫。前もそれで乗り切ったもの。
3. しなきゃいけないことがたくさんある。きっと全部できないだろうな。	3. すべきことがたくさんある。リストをつくって優先順位を決めて、すべきことだけ選べばいいわ。
4. 他のみんなと同じようにうまくなんてできないわ！	4. 私ってユニーク。他の人とは違ったやり方をするのよね。
5. やったって、誰も認めてくれないから今すぐやめてしまったほうがいい！	5. 人にどう思われるかわからないけど、私はこうしたい。他人の意見に耳をかすべきとか、どのくらい従うかは、私が判断すればいいこと。

＊注1　自信を持って臨めば、その行動の成功率が増すことが心理学で実証されています。
＊注2　自分に思いやりをもって、自信を付けるようなポジティブなメッセージをかけてあげましょう。

記入例に、自分を認め、自信をもたせるメッセージを書きます。

① 自分を認めてあげる

　　自分自身を否定しているネガティブメッセージには、反対意見を言います。

② 自信をもたせる

　　過去にできたことや、他人が同じようなことをやっていたのを思い出して、自信をもちます。「できる」、「大丈夫」という思いをもちましょう。

メンバーのやる気を引き出すためには、メッセージの伝え方を考えることが必要です。同じことを伝えるにしても、ポジティブメッセージだ

と受け止め方が変わってきます。

【心】－4　自分に自信をもつ

　何かをしようとすると「自分には本当にできるのだろうか？」と心配になり、尻込みしてしまうことはありませんか？　そのようなときは自己効力感(自分が○○したら、できると思える感覚)が低い状況にあります。

　自己効力感を高めると、自信をもって物事に向き合える力がついてきます。ここでは、自己効力感の高め方について学習しましょう。自己効力感についてはp.16を参照してください。

　自己効力感を高めるポイントは、以下の4つです。

　　① 制御体験：自分自身の成功体験
　　② 代理経験：他者による成功体験
　　③ 言語的説得：言語的な励まし
　　④ 生理的情動的状態：心身の安定

下の例を参考に、「自信を高めるシート」を書いてみましょう。

心配事：プレゼンテーションしなくてはならない
① 制御体験
　　もうすでに何度も練習しているし、学生時代にも人前で話したことがあるから大丈夫だ。
② 代理体験
　　先輩たちも今まで通ってきた道だし、実際その第一歩があったことでここまで来ているのだから、私もできるはずだ。
③ 言語的説得
　　「やればできる！」と自分に言い聞かせる。また、「あなたなら大丈夫」と言ってくれる人のところへ行き、自信をつけてもらうことも大切。

「自信を高めるシート」の記入例

心配ごと

プレゼンテーションしなくてはならない

①制御体験

もうすでに何度も練習しているし、学生時代にも人前で話したことがあるから大丈夫だ

②代理体験

先輩が今まで通ってきた道だし、実際その第一歩があったことでここまで来ているのだから、私もできるはずだ

③言語的説得

「やればできる！」と自分に言い聞かせる。また、「あなたなら大丈夫」と言ってくれる人のところへ行き、自信をつけてもらうことも大切

④生理的情動的状態

昨日はよく寝たし、伝えなければいけないところを飛ばす心配はない

④　生理的情動的状態

昨日はよく寝たし、伝えなければいけないところを飛ばす心配はない。

【心】-5　やるべきことの整理法

やるべきことを整理することは、ストレスで混沌とした頭の中をすっきりさせるための近道です。やるべきことのリスト＝「To Do リスト」を作成し、行動の順番を振り返ってみましょう。

①　頭の中にある、「To Do リスト」をすべて書き出す

② 今すぐする必要があるもの以外は、線を引いて消す
③ もう一度眺めてみる
④ 優先順位をつける
⑤ 翌日必ず振り返りをして、できたものにはチェックを入れる

　忙しくなってきたり、ストレスがたまってくると、何から手をつけてよいかわからなくなります。やるべきことの優先順位をつけ、頭の中を整理しましょう。ストレスにより今自分がやるべきことや優先順位がわからなくなっている部下に対して、頭を整理する手段として、この「To Do リスト」が有効です。優先順位をつくらせたら、上司としてその順番で正しいかを確認してください。

「To Do リスト」の記入例

To Do リスト ○○年○月○日（○）○○：○○	
☐ 美容院へ行く	3 ☑ 部下の提出書類チェック
4 ☑ 明日のプレゼン資料の見直し	☐ 報告書の作成
5 ☑ 夕飯の買い物	6 ☑ 宅急便の引き取り
☐ 銀行振り込み	☐
1 ☑ お客様へのメール返答	☐
2 ☑ 上司へのメール返答	☐
☐ 経理に間違い確認	☐
7 ☑ 友人に明日の待ち合わせ確認電話	☐

＊注　振り返りを必ず行いましょう。
　　　健康な状態でもリストを完了できない場合は、詰め込みすぎの状態だと思ってください。

【心】－6　感情をコントロールする

人間は表に出している感情の裏に隠された感情があるとされています。

例：

夫の帰りが遅くなって、カリカリしている妻がいる。怒っているけれども、実はとても心配していたし、帰ってきてホッとしていて怒りとして出ている。

妻の怒りに対し、夫も怒りで応えると関係が悪化します。妻の裏感情（心配）に気づき、ケアすれば、関係修復につながります。この感情を知ることは、自分はもちろん相手を理解するうえでとても重要なことです。今ある自分の状況、それに伴う感情を思い出してみてください。【状況】に今の感情などを書き込んだら、その裏にある感情を思い出し、書き込んでみましょう。以下の記入例を参考に、「感情コントロールシート（裏感情マップ）」を書いてみましょう。裏感情については第4章でも説明しました。

「感情コントロールシート」の記入例

（中央：怒り／悲しみ・恐怖・自責・失望・心配・嫉妬・不安・恥らい）

【心】－7　グルグル思考を停止する

　同じ考えがグルグルと頭の中を回ってしまうとき、1回ストップサインを出して考えを止める「ABC-stopD法」という方法があります。同じ考えから抜け出せなくなっていたら、このABC-stopD法を試してみましょう！

〈ABC-stopD法の実施手順〉
　① 「ストレスの原因」、「受け止め方」、「ストレス反応」を書き出す。
　② 「受け止め方」の偏りを見つける。
　③ ストップサインを出す。
　④ 距離を置く。
　⑤ 改めて見直して、どのような偏りがあったか考える。
　⑥ 偏りを直すため、今までとは違った行動を考える。

〈ストップサインの効用〉

　人間は2つのことを同時に考えることはできない動物です。つまり、このストップサインを思い浮かべることで、自分の思考を一旦ストップさせることができるのです。記入例を参考に、「グルグル思考停止シート」を書いてみましょう！

〈グルグル思考停止シートの記入例〉
　①「ストレスの要因」、「受け止め方」、「ストレス反応」を書き出す
　② 受け止め方の偏りに気づく。
　　　受け止め方がマイナス思考になっていたら危険信号です。無理矢理思考を一旦止めましょう。
　③ ストップサインを出す。　　**STOP**
　④ 一旦休憩をとる。
　⑤ 「こだわりのポイント」を見つける。
　⑥ 「こだわりのポイント」が見つかったら、それを変えるために必要な行動を考える。

「グルグル思考停止シート」の記入例

ABC：思考メモ（日記）

A = Antecedent ストレスの要因	B = Belief 受け止め方	C = Consequence ストレス反応
お客さまとの対応を全て自分で処理できず、上司に聞くがなぜこんなことを聞くのかと怒られた。	いつも怒られてばかりで、私は駄目な部下だ。	いつ怒られるかびくびくしている。

ABC(STOP) D：思考メモ（日記）

危険信号 自分が動揺していることを気づかせる徴候	停止標識 思考を遮るために、あるいは、自分自身を停止させるために、この状況の中で私が用いることのできる、停止標識（視覚的）
・脳がドキドキする ・同じ考えがぐるぐる頭の中をめぐる	・赤信号の絵を思い描く ・止まれの標識を思い描く

D =（Do） 停止標識を使った後で、何を考え、何を行うのか？ 今後は、どのようにして、このような状況を違ったやり方で処理していくことになるのか	
こだわりのポイント	ネガティブ行動と今後の行動
上司に怒られることばかりにこだわっていた。	怒られることを恐れて、自分から上司に指示を受けに行ったり、報告したり、連絡したりを怠っていた。 今後は、自分から上司との連絡を密にとろう。

(4) 環境からのストレス対処－セルフチェックと解説－

☐眠れなかったり、眠りすぎたりと、睡眠で改善したいことがある
☐緊張感が長い間続いている
☐ゆっくり休みたいけれど、どうやって休めばいいのかわからない
☐外に出る機会が少なく、太陽の光を浴びていない
☐リラックスできる時間がない

解説

☑**眠れなかったり、眠りすぎたりと、睡眠で改善したいことがある**

忙しい毎日が続くと、睡眠時間を削ることも多くなります。やらなければいけないことが頭の中を駆け巡り、寝つけないこともあります。睡眠は健康な身体を維持するのはもちろん、脳を活性化させるためにも不可欠なものです。リラックスできる睡眠環境を確保することが大切です。

　⇒対処法の【環境】－1をご参照ください。

☑**緊張感が長い間続いている**

短納期の連続や、大切な仕事が詰まっているときなど、緊張感を強いられるものです。日々の生活にもある程度の緊張感は必要ですが、緊張が長く続きすぎると、さまざまなストレス反応を生みます。リラックスできる場所を確保すると有効です。

　⇒対処法の【環境】－2、【環境】－3をご参照ください。

☑**ゆっくり休みたいけれど、どうやって休めばいいのかわからない**

毎日忙しかったり緊張が続いていると、いざ休もうと思っても休み方がわからなくなってしまう場合があります。リラックスできる場所やグッズをもっているとリラックスしやすくなります。

　⇒対処法の【環境】－2、【環境】－3をご参照ください。

☑外に出る機会が少なく、太陽の光を浴びていない

一日職場内で仕事をしている人など、外に出て太陽の光を浴びることが少なくなっていることがあります。太陽の光は脳活動を活発化したり、覚醒を高めたりと、私たちの身体に多くの影響を与えています。お昼休みに外でご飯を食べるなど、外に出て、太陽の光を浴びる機会を積極的につくってみましょう。

⇒対処法の【環境】-1をご参照ください。

☑リラックスできる時間がない

忙しい毎日の中で気持ちが慌しいと、いざリラックスしようと思っても心からリラックスできないことがあります。また、次の仕事などを考え、忙しい日々を送っていると、リラックスするための時間をつくることを忘れてしまうことがあります。あらかじめ、予定の中にリラックスする日などをつくってしまうのもよいかもしれません。

⇒対処法の【環境】-2、【環境】-3をご参照ください。

対処法

【環境】-1　生活リズムを安定させる～脳と光の関係～

1．起床時間を決める

　人間は「寝だめ」ができません。休日も、平日より1、2時間長い程度の睡眠時間に調節しましょう。あなたは何時に起きますか？

2．仕事の切り上げ時間を決める

　あなたは何時に仕事を切り上げますか？

3．就寝時間を決めましょう

　あなたは何時に就寝しますか？

4. 光を浴びる時間、量を調整する

　日中の明るさと夜の暗闇は、体内の睡眠／覚醒やリズムを維持するためになくてはなりません。脳は光を主に目を通して受け取りますが、脳が自然の周期で規則正しく光と暗闇を採り込まなければ、体内時計に狂いが生じ、睡眠障害につながります。時間配分や睡眠パターンなど、自分なりの習慣をつくるとよいでしょう。健康であってはじめて生産性も上がります。生活リズムを整えるための近道として、このポイントを自分自身にも部下にも活用してください。

　1日の中で、光を浴びる時間はありますか？　考えてみましょう。
　また、光を浴びるタイミングも、生体リズムに影響を及ぼします。
　22時以降から明け方5時にかけて明るい光にさらされると、体内時計に遅れが生じ、夜更かしや朝寝坊の傾向が強まります。
　早朝5時から8時にかけて光を浴びると体内時計を早める効果があり、早寝早起きを促します。光は生活のリズムをつくるうえで重要な役割を担っているのです。光をうまく取り入れ、生活リズムを修正しましょう。
　今朝、あなたが起きた時間は何時ですか？
　太陽の光を見てから15時間くらい後に睡眠の準備をするためには、今夜は何時に睡眠の準備をしますか？

【環境】－2　リラックスする場所（リラックスプレイス）を決める

　自分が一番リラックスできる場所を見つけましょう。あなたが普段リラックスできる場所はどこですか？　思いつく場所を書いてみましょう。あなたのリラックスプレイスのよいところはどのような点ですか？あなたのリラックスプレイスがよりよくなるために工夫したいところはありますか？

　また、リラックスできる場所を見つけたら、今度はリラックスをサポートするグッズを整えましょう。リラックスプレイスをより快適にす

るために、あなたのリラックスプレイスの絵を描いてみましょう。現在のリラックスプレイスの状況を絵にしたら、そこに違う色のペンで工夫したい点を書き加えてみましょう。もちろん、何かものを減らすのでもかまいません。リラックスプレイスにおきたいものや飾りたいもの、変えたいものはありませんか？ イメージすることで、より快適なリラックスプレイスをつくるために必要なものがわかります。

【環境】－3　身体をしっかり休めるために眠りの準備をする

〈睡眠セルフチェック1〉

下記の質問について、「はい」の場合はチェックをつけてみましょう。
- □ ぐっすり眠れた感覚がない
- □ なかなか寝つけない
- □ 夜、何度も目が覚める
- □ 朝早くに目が覚めてしまい、そのまま寝つけない

上の質問に1つでも当てはまったら、質のよい睡眠がとれていないかもしれません。ひどいときには睡眠障害などの可能性もあるので、これから紹介する対処法を試してみても改善しない場合や、辛いと感じている人は、早めに専門家に相談しましょう。

下記のあなたの睡眠に関する質問について、回答してみましょう。

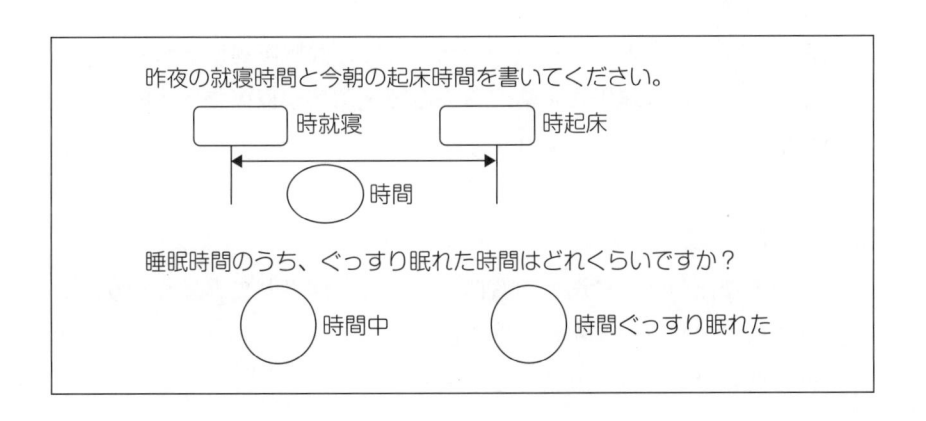

昨夜の就寝時間と今朝の起床時間を書いてください。

　　□時就寝　　　□時起床

　　　　　○時間

睡眠時間のうち、ぐっすり眠れた時間はどれくらいですか？

　　○時間中　　　○時間ぐっすり眠れた

〈ぐっすり眠れた睡眠時間の大切さ〉

　適切な睡眠時間は人によってさまざまで、正しい睡眠時間といえるものはありませんが、ぐっすり眠れていることにはとても重要な意味があります。そして、ぐっすり眠れていないことには以下のようなリスクが潜んでいるのです。

① 生産性の低下

　すっきり目覚めることができないと、昼間もぼんやりしたり、突然眠気が襲ってきたり能率が悪くなります。すると、また仕事が終わらず夜遅くまで仕事をすることになるなど、悪循環のサイクルから抜け出せなくなってしまうことも多いのです。

② 記憶力の低下

　眠っている間は身体や脳も休養しています。したがって、睡眠時間が十分とれないと、翌日活動するエネルギーがなくなってしまうのです。また、脳は睡眠中に記憶の整理をすることがわかっています。大切で長期にわたって保存すべき記憶と、忘れてしまってよい記憶を睡眠中に分け、大切な記憶は「長期記憶」として記憶の貯蔵庫にしっかり保存するのです。睡眠をしっかりとっていないと、記憶がきちんと整理されないことがあります。すると、後で思い出そうと思っても、なかなか思い出せなくなってしまいます。

③ 心の不調

　例えば、うつ病など心の病気の症状として、睡眠障害が現れることがあります。また、不規則な生活から来る睡眠障害が原因でうつ病などの心の病気につながることもあります。

〈睡眠セルフチェック2〉

　下記のあなたの睡眠に関する質問について、回答してみましょう。
　□寝る前にアルコールをたくさん飲む
　□寝る前にコーヒーや紅茶などを飲む

□寝る前にタバコを吸っている
□寝る前にストレスになっていることや気になることなどについて、考えこんだまま寝てしまうことがある

〈寝る前にしてはいけないこと〉

☑**寝る前にアルコールをたくさん飲む**

アルコールには鎮静作用があり、短期的には睡眠を促しますが、長期的には睡眠障害を引き起こすおそれがあるので、睡眠薬としては不適切です。お酒を飲むと質の高い睡眠をとることはできません。気をつけましょう。

☑**寝る前にコーヒーや紅茶などを飲む**

コーヒーや紅茶などのカフェイン飲料は睡眠を妨げてしまうことがあるので、就寝前４時間以内はとらないようにしましょう。

☑**寝る前にタバコを吸う**

タバコのニコチンは交感神経を刺激します。タバコは就寝１時間前は吸わないようにしましょう。

☑**寝る前にストレスになっていることや気になることなどについて考えこんだまま寝てしまうことがある**

脳は寝ている間に記憶の整理を行います。寝る前に、その日あったことや、その日感じたことを整理しておくことによって、寝ている間の記憶の整理がスムーズにできるといわれています。寝る前には気になるストレスのカテゴライズやサマライズをしてみましょう。仕事帰りで疲れていても、寝る前にほっとできる時間をもつように心がけるだけで、睡眠の質が変わります。ぜひ、試してみてください。

（5） アルコール量をコントロールする

アルコール依存症は何か一つの特徴的な症状や検査データで診断できるのではなく、一見すると無関係に思えるさまざまな問題が徐々に起こ

> ① 就寝前のお風呂はぬるめ(37〜39度)にする
> 　　熱いお湯は交感神経を刺激し、覚醒状態になります。リラックスのためには、ぬるめのお湯がよいでしょう。
> ② 寝る前はカフェインを控える
> 　　コーヒー、紅茶などのカフェイン飲料は、就寝4時間前までにとり、その後は控えましょう。
> ③ 明るさを調整する
> 　　眠る直前まで蛍光灯の下にいたのでは、なかなかリラックスできません。少し暗めの照明でリラックスできる時間をもちましょう。
> ④ 枕と布団へのこだわりをもつ
> 　　質の高い睡眠を求めて、就寝グッズにこだわってもよいでしょう。
> ⑤ 寝る前に気になるストレスのカテゴライズ＆サマライズを行う
> 　　考えごとがあると、なかなか寝つけないことがあります。考えることがたくさんあり、頭の中が整理されないままに眠ると、浅い眠りになってしまいます。頭を整理してから眠る習慣づけをしましょう。

る慢性の病気だからです。問題同士を結ぶのが依存症という病気だ、と自覚したときは、すでに入院治療が必要となっていたり、職場を解雇されていたり、家族が離散していることも珍しくないのが実情です。

　職場でのイベントや改善サークル活動などのレクリエーション、また改善ブリッジを架けるためのコミュニケーションの場として、飲み会が開かれることは少なくないでしょう。飲み会の場はあくまで手段です。飲むことが目的にならないよう、節度ある態度が必要です。そのためにもここでは依存症の怖さについても正しい知識をもっておきましょう。そして、アルコール依存症の知識チェックをしてみましょう。

〈アルコール依存症知識チェック〉

　依存症は誤解や偏見の大きい病気なので、正確に理解しておくことが対策の第一歩です。まず現在の知識について確認しましょう。

　□自分は週末しか飲酒しないから依存症ではない

　□仕事に支障がないようにコントロールして飲んでいるから依存症で

はない
□依存症は病気ではなく、意志が弱いだけである
□依存症は3年くらい断酒をすれば治る
□ほとんどの依存症の人は治療を受けている
□落ちるところまで落ちないと依存症は治らない
□内科に入院している人の100人に1人は依存症の可能性がある

実は、これらの項目の回答はすべて×です。理由は以下の解説をご覧ください。

解説

☑ **自分は週末しか飲酒しないから依存症ではない**

週末だけの飲酒であっても、週明けの欠勤を繰り返したり合併症が悪化しているならば、依存症を否定することはできません。

☑ **仕事に支障がないようにコントロールして飲んでいるから依存症ではない**

仕事に支障はなくても家庭や健康問題が起こっているならば、依存症を否定することはできません。

☑ **依存症は病気ではなく、意志が弱いだけである**

依存症に特徴的な強烈な飲酒欲求は意志の力では太刀打ちできません。

☑ **依存症は3年くらい断酒をすれば治る**

一度起こったアルコールコントロール障害は生涯治らないとされています。

☑ **ほとんどの依存症の人は治療を受けている**

依存症者のうち、専門治療を受けている人は1%ほどで、90%以上は身体合併症の治療のみで断酒治療につながっていません。

☑**落ちるところまで落ちないと依存症は治らない**
　失うものが少ないうちに治療に取り組んだほうが、経過は良好です。
☑**内科に入院している人の100人に1人は依存症の可能性がある**
　内科に入院している人の30%程度はアルコール関連疾患だという研究報告があります。
　飲酒行動は、予防活動と問題飲酒を見つけた際に治療に早期につなげることが大切です。お互いの健康のためにも以下の予防活動を参考にしてみてください。
① セルフケアをそれぞれが実行します。特に管理職やリーダーが問題飲酒者であると、部下やメンバーに対して適切な対応をすることがむずかしくなりますので、まずは自身の健康管理のために飲酒問題に対する知識をもちましょう。
② 管理監督者と産業医・保健師や外部専門機関との連携方法を皆が知っている状態にしておきましょう。
③ 問題を一人で抱え込まないようにしましょう。

【問題飲酒を見つけ、治療につなげる】
　うつ病、肝機能障害、胃腸疾患などで休職を繰り返したり、二日酔いでの欠勤や業務効率低下やミスの増加があれば、問題飲酒である可能性が高いです。産業医・産業保健師に相談し、協同して介入し、必要であれば専門治療につなげましょう。外来治療では仕事を休む必要はありませんが、自助会参加や通院の時間を確保するために、勤務時間への配慮が必要です。また酒席を伴う接待には出さない、飲み会には誘わないといった配慮も必要です。入院治療は1〜3カ月程度かかり、その後も自宅療養とデイケア(通いで参加してもらう断酒プログラム)を経た後での復職が望ましいです。

引用・参考文献

EAP 総研作成・監修:「Cocoro Management Pack」、「Stress Management e-learning」より一部抜粋

第8章

困りごとに対処する
コミュニケーション技術

8.1　困りごとを整理し、行動改善をする

(1)　困りごとの整理

　心理学を基に、組織改善やメンタルヘルスケアのコンサルテーションを始めてから20年近く一貫して現場の困りごとに関し、生の声を聞き即対応することをモットーにしてきました。講演会などで技術を伝えても、現場に落とし込むまでには一ひねり、二ひねりが必要となります。ヘルメットをかぶり、安全靴を履き、職場の空気感を味わいながら目線をそろえて対応すると、見えてくるものがありました。

表8.1　心の事情により変化する結果

心の事情	結　果
目標達成未達によるあせり	全体を見渡せず、気になる問題点だけ対応する。視野が狭くなり、漏れが起きる
周囲の目が気になる不安	悪く思われたくないので、叱れない思いを伝えられない
チームの人間関係の確執で伝えたいことが伝わらないいらだち	問題を放置する
何度トライしても失敗したり結果が見えない諦め感	すべてのことに無関心
どうしたらうまくいくか考えが空回りする	いろいろなことを試しすぎてしまう
どれから手をつけたらいいかわからなくなる	問題を放置してしまう
この人を伸ばしたいという気持ちがあっても、本人がその気にならない	その気にならないため、能力や向上心が低いとレッテルを貼り、野放しにしてしまう

その中で、表8.1のように、どうしても考えが悪いほうにいってしまう。または、苦しみながら、気分を切り替えて前に進もうとしても、現実の問題に直面し、身動きがとれない状態を目の当たりにしてきました。このような問題に対処するとき、どこから手をつけてよいか悩んでいるときは、まずはじめに現状を本人が整理する必要があります。そこで、本章では、現状を整理して発信したり、事情を共有化するためのコミュニケーション技術を習得するための4つのワークシートと、Q&A方式による対話の技法を解説していきます。

(2) 4つのワークシート

　心の好循環サイクルを回すうえでは、リーダーや推進者の側面からのサポートが必要です。ものが転がるときは、はじめに力を加えます。その後各ステップで転がりを維持するためには、それぞれのタイミングで力を継続して加え続けなければなりません。そこで、はじめの力と継続して加える力を対話の中で得るためのワークシートとその位置づけを記します(表8.2)。以下で、これら4つのシートについて解説していきます。

表8.2　4つのワークシート

心の好循環サイクルの段階	対応するシート
最初の声かけ	行動変換ＫＳＫシート
心の改善同盟	心の改善同盟ＫＫＫシート
改善ブリッジ	改善ブリッジシート
役割の再構築	役割再構築ＫＹシート

8.2 声かけをする前に必要な「行動変換KSKシート」

チームメンバーに声かけをする前に、リーダーや推進者自身の問題が山積みで、何から手をつけてよいかわからなければ、声かけに力が入らなくなり、チーム自体も進む方向を見失ってしまいます。チームにとって今何が必要か、まず整理することから始めましょう。そのために「行動変換KSKシート」(図8.1)を活用してください。

(1)「行動変換KSKシート」の概略と記入手順

現状を整理する方法の一つとして、どのようなことで頭がいっぱいになっているか、思考ダイアグラムをつくり、抱えている問題を客観視して、何から着手すべきかを整理します。このとき用いるのが、川西式思考ダイアグラム行動変換シート：通称「行動変換KSKシート」(Kawanishi shiki Shikou diagram Koudouhenkan sheet)です(図8.1)。「行動変換KSKシート」は、下記の手順で記入します。

① 今苦しんでいる、困っていることを紙に列挙する

いつ、どこで、誰が、どのようにしたか、心の事情や結果をできるだけ書き出します。

② 困りごとのトピックスを6つほどピックアップし、ダイアグラムの項目にして、評価スケールに今の状態のスコアに印をつけ、ダイアグラムの線を記入例のように結ぶ

③ ダイアグラムの6つの項目にどんな思考が入っているか細かく書き出す

④ 本来どうなりたかったか理想を書き出し、マインドセット(記憶を呼び起こし、思いを新たにすること)し直す

問題が山積している状態でいると、どこに向かうべきか理想がうず

8.2　声かけをする前に必要な「行動変換 KSK シート」

もれてしまうので、再度マインドセットし直します。

⑤　マインドセットと前記③で書き出した内容を眺め、理想に到達するために何から手をつければよいか、今不要な考え方はないかを熟考する

　ダイアグラムの数値が大きいから一番重要という訳ではないのです。一番気にしていると思っているものでも、マインドセットし直すと、そのこだわっていた思考は不要なものになる可能性があります。

⑥　熟考して思考を整理した後、自分はどうしたいのか、行動宣言する

　行動宣言をし、自分自身の軸をつくると、今やるべきことに思いが入ります。この思いが熱意になり、まずリーダー自身のマインドをよい方向に変える原動力になります。他人と過去は変えられないとよくいわれますが、自分が変われば周りは変わって見えてくるのです。

⑦　明日からの具体的な行動を記入する

　概念ではなく、宣言に即した行動予定を記入します。

「行動変換 KSK シート」の 7 つの手順は、2 人ペアで聞き取り、書き出し、考えさせる役と、話し、考える役に分けて行ってください。慣れてくると 1 人でもできるようになりますが、まずはペアで手助けを入れながら進めてください。手助けをしている相手も仲間の思考プロセスが見える化し、共感しやすくなり、協働できる組織がつくれます。リーダーが困っていたら、職位が上の人とペアにすることもできますが、メンバーでももちろんかまいませんので、周囲を巻き込みながら困りごとを整理し、行動改善につなげてみてください。この技法は私がカウンセラーをしている病院内のストレスドックでも使用されています。

http://www.ucc.or.jp/dock/stress.html

　なお、ストレスドックとは、ストレスの原因は何が一番大きなものと自分が感じているか、どこから対処すべきか、頭を整理して治療につな

第8章　困りごとに対処するコミュニケーション技術

行動変換 KSK シート

①

②

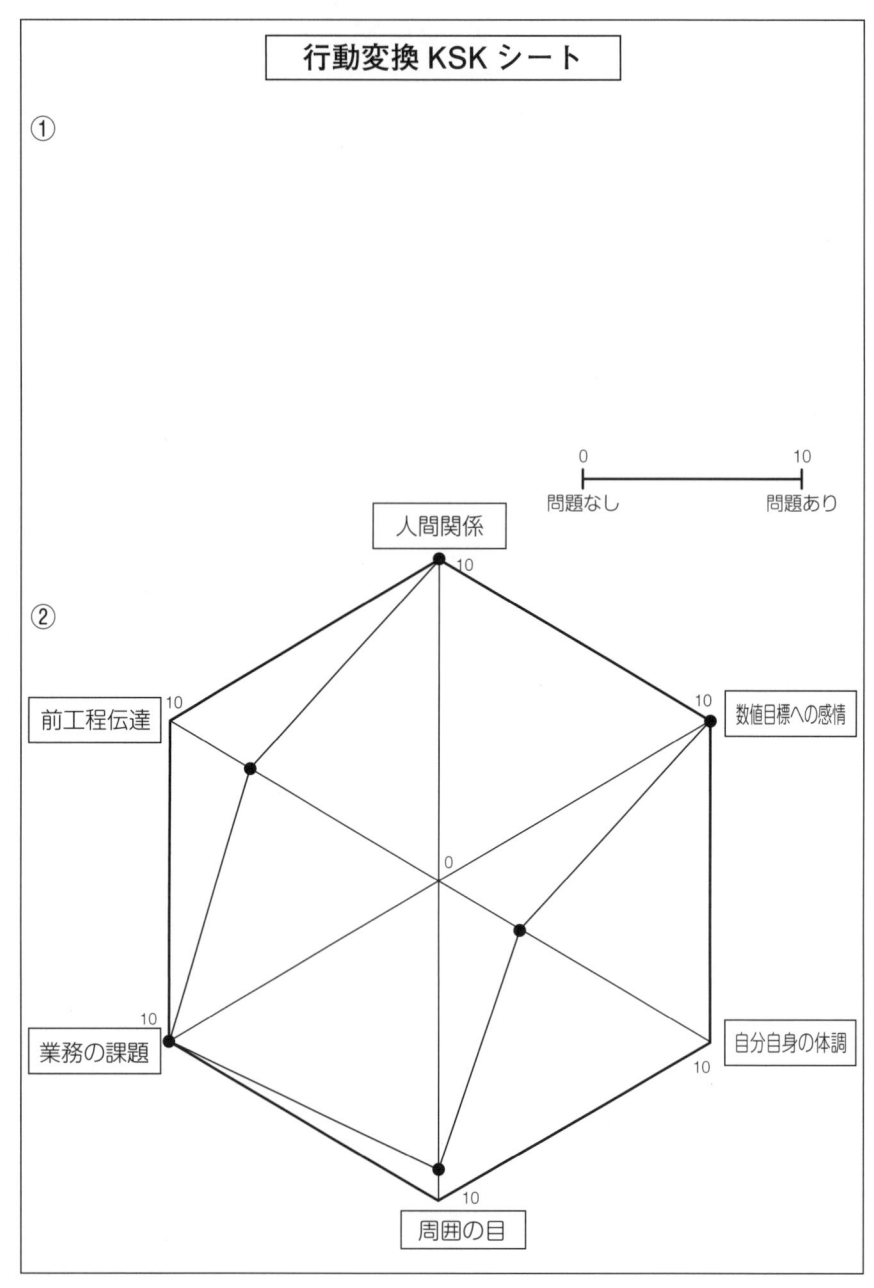

0 ── 10
問題なし　問題あり

人間関係
数値目標への感情
自分自身の体調
周囲の目
業務の課題
前工程伝達

図 8.1　「行動変換 KSK

8.2　声かけをする前に必要な「行動変換 KSK シート」

③ **思考の詳細**

（人間関係）
検査チームの人間関係の亀裂があり、一人ひとり検査への考え方や方式が違う状況。ルールをそろえたくてもよいアイデアを出す人を批判したりするため、情報の吸い上げもむずかしく、共有化しづらい。

（数値目標への感情）
数値達成しないので、話し合う時間がムダだと思う。数値達成していないことで焦りが増大している。

（自分自身の体調）
あまり気にしていないが、疲れている。

（周囲の目）
検査課が悪者になり、心苦しい。他の課からどう思われているか不安。

（業務の課題）
検査項目抽出力作業工程表、ルール book などの作成が思うように進まない。

（前工程伝達）
前工程へのクレーム伝達でいやな顔や愚痴が出て、発言するのが怖くなっている。

④ **マインドセット：本来どうなりたかったのか**

検査体制を構築し、ゲートキーパーになる。

⑤ 熟考の例：検査体制を構築するためには、現場からの声の吸い上げが必要だ、どんな知恵・アイデアや困りごとがチーム内にあるか、人間関係の亀裂に心の改善ブリッジを架けよう。数値目標ばかり気にして、話し合う時間がムダだと思っていたこの考え方を改めよう。対話こそ変革の一歩だ。周囲の目は今は気にしなくてよいのだ。まず、チーム内の人間関係の修復だ。
前工程への詳細伝達は、前工程の人たちが協力者となれば検査工程不良品がくることなく、予防ができる。この人たちを味方に引き込もう。

⑥ **行動宣言**

チームの亀裂を修復するぞ

⑦ **明日からの具体的行動**

かたくなな A 君に、今チームに必要なコミュニケーションについて説明する。

シート」の記入例

げるストレス検査です。

(2) 「行動変換 KSK シート」の記入例

　図 8.1 は、検査ミスにより不良品の出荷が相次ぎ、新しい検査体制を構築するミッションをもつ検査課のリーダーの思考調整の事例です。「行動変換 KSK シート」に使用されているダイアグラムのスケールは、視覚的評価スケール（VAS：Visual Analog Scale）といい、状態を可視化して評価するときに、医学の領域でも使われているものです。

　この事例の後日談になりますが、チームの亀裂を修復するぞと行動宣言を出したとたん、今までメンバーは変わらないと諦めていた心が変わり、この人たちだったらきっとアイデアを出してくれるかもしれないと期待感が出てきたといいます。そして、みんなの不満や抱えているものについて、声をかけて聞いてみようという前向きな気分になったとも語っていました。問題が山積みになると、さまざまなことが頭の中をよぎり、前にも後ろにも進めずに身動きがとれなくなります。思いをはき出し、今向き合うべきものは何かを眼で確認していくと、今何を優先すべきか、考え方を整理しやすくなります。

8.3　心の改善同盟に必要な「心の改善同盟 KKK シート」

(1) 「心の改善同盟 KKK シート」の概要

　物事を改善するためには、今までにないことを取り入れたり、なくしたり、変化がつきものです。その際には、古いやり方から抜け出せない人の心にも寄り添うことが重要です。変化や新しいものへのチャレンジ

8.3 心の改善同盟に必要な「心の改善同盟KKKシート」

には大きな壁があります。この壁のために心が一つになりづらくなることが多々あります。さまざまな人の意見があり、心の事情はそれぞれ異なりますので、違いがあることを理解することからスタートしてください。違いがわからず、解決策を与えるだけでは、心がついていかず、むしろ亀裂が入ってしまいます。心の事情の違いは、下記のようなポイントが挙げられます。

- 単に面倒だ
- 今までのやり方を変えるのが不安だ
- 今までのやり方こそが一番よいと思う
- 上司の言うとおりに従うのがしゃくだ
- 古いやり方に慣れているのに、なぜ変える必要があるかわからない
- 変えたところで手順が増えるだけで時間のムダである

新しいことには、誰でも上記のような思いを、強弱は違えど複数もっていることが想定されます。この心の事情を無視して、単に上からの力で推し進めると、心が離れていきます。心の状況を意識して、チーム内の不満を出した後、仲間同士が改善ポイントをともに語れる雰囲気をつくり出す対話を試みてください。

抵抗のある人をリーダーが引っぱるのではなく、このときこそチームの力を使いましょう。メンバー自身で考え、仲間を支え個を活かすように、以下に紹介するシートを使い、促してください。

ここで、このようなときに使える川西式心の事情共通認識シート：通称「心の改善同盟KKKシート」(Kawanishi shiki Kokorono jijou Kyoutsuu ninshiki sheet)を紹介します(図8.2)。違いを理解し、新しい一歩に向けて知恵を出し合う土台づくりを行うのが「心の改善同盟KKKシート」なのです。土台ができると、リーダーや推進者が改善したいポイントを伝えた後、活動がスムーズに進みます。

心の改善同盟 KKK シート	
①内容への不満 • 単に面倒だ • 今までのやり方で慣れているのに、なぜ今変えなくてはいけないかわからない • 今までのやり方こそ一番よいと思う • 上司の言うとおり、この忙しいのに従うのはしゃくだ • 変えたところで手順が増えるだけで時間のムダだ	③実施への不安 • 慣れていないので、失敗したら生産の目標値に達成しない • 自分が新しいやり方を覚えられるかわからない • これをやって本当に前よりもよくなるのか不安
②共通認識 　新しいものは何か、内容を深く知らず、単に変えるのを嫌がっている自分達がいた。変える手間が嫌だった。	
④改善点とサポート内容 • 今のやり方のままでは新しいチャレンジや新しいやり方を知る時間がつくれないので、まず新しいやり方を知るための学習時間をみんなでつくり、みんなで内容を一度考えよう • 仕事のやり方を変えないと学ぶ時間もつくれないから、時間をつくり出す工夫をしよう • 新しいやり方の情報をみんなよりは知っているので、自分が知っていることをまず伝える	

図 8.2 「心の改善同盟 KKK シート」の記入例

(2) 「心の改善同盟 KKK シート」の記入手順

記入手順は以下のとおりです。

① 新しい会話のやり方へのチャレンジ内容の不満を話す
② 不満の中から共通認識を探す
③ 新しいやり方を実施する際の不安を話す
④ 新しいやり方やチャレンジを前に進めるために改善したほうがよいことや互いにサポートする点を話す

(3) 「心の改善同盟KKKシート」の注意ポイント

「心の改善同盟KKKシート」を作成する際は、以下の点に注意してください。

① 不満を話すときは愚痴にならないようにする
② 不満の解決策を考えず、批判もせず、不満を話すことに集中する

　不満を出すことで、次のステップを考える心の余裕が出てきます。

③ 一人ひとつ以上意見を出す

　4人のチームであれば、一人ひとつ以上意見を出し、各項目ごとに4人の意見を全員が記入します。新しいものやチャレンジする内容について、情報をもっている人が率先して、その情報も伝えていきます。

④ 共通認識を書く際は、書き出した文章のみを頼りにするのではなく、対話の中で感じた話し手の思いを汲み取り、チーム員の共通項を探す

⑤ よいことは続ける

　今まで行ってきた古いやり方の中でも、よいことは続けてほしいので、改善点検討の際には入れるように心がけてください。

⑥ 「I(私)メッセージ」を用いる

　サポートするときは、「あなたは○○しなさい」とアドバイスをするのではなく、「私ならあなたに○○のサポートができる」と、サポートを自ら発信するコミュニケーションスタイルにしてください。これを「I(私)メッセージ」といいます。

⑦ コミュニケーションに正解はなし

　コミュニケーションには正解がありません。修復はいつでも可能です。言葉が足りなくても、無骨でも、下手でもよいのです。上手に綺麗に伝えようとしないでください。思いを伝えることを主軸に置いてください。

(4)「心の改善同盟 KKK シート」を用いるねらい

「心の改善同盟 KKK シート」を用いるねらいは、以下のとおりです。
① 個々人の不安要素をお互いが理解すること
② チーム内で不安の壁を越えられるよう、サポートし合えると感じさせること
③ 全員の思考のプロセスを文字化し、見える化すること

これらのねらいを理解して運用することにより、改善をこれから自分たちが進めていこうという決意が芽生えてきます。自分たちで考えた改善だと思えると、改善ブリッジが架かりやすくなります。

8.4 改善ブリッジに必要な「改善ブリッジシート」

「改善ブリッジシート」は、4.5 節の保全の若手ベテランの心の改善ブリッジで説明したように、リチーミングの流れに沿うと効果的です。リチーミングのシートにはこれ以外にも数枚シートがありますが、その一部が改善ブリッジに適しているので、リチーミングの要素を入れて図 8.3 に示しました。p.70 を参考に使用してください。

8.5 役割の再構築に必要な「役割再構築 KY シート」

(1)「役割再構築 KY シート」の概略

「この仕事に価値なんてあるのかなぁ」、「小さな他愛ない仕事だ」と思い込んでいる人でも、仕事にはすべて意味があり、その仕事の大小に

関わらず、なくてはならない仕事であり、それを支えるあなたはとても価値があると伝えたいがために、川西式役割再構築シート、通称：「役割再構築 KY シート」(Kawanishi shiki Yakuwarisaikouchiku sheet) をつくりました（**図 8.4**）。前向きに、自主的に動ける人を増やすシートとして活用してください。

　私がメンタルヘルスケアに携わる中で、自分の役割の価値や意味がわからず、やらされ仕事となり仕事が辛い、楽しめない、人生が辛いという悪循環になり、心を病んでしまう人と多く接してきました。職場全体で働く仲間の価値や役割の意味をわかりあえたら、もっと人への興味も湧き、職場の風土を変えるきっかけを生み出せるのです。そして何よりも、チームにとっての自分の存在意義や自分という価値を改めて理解することで、未来を切り拓く力が出てくると思うのです。

　また、「役割再構築 KY シート」を用いると、危険予知の目的も果たせると考えています。危険を回避するためには、今自分が何のために事を成し遂げようとしているのか、ミッションや役割の意味を理解することが重要です。さらに、自分という価値がわかると、今より前向きに物事が捉えられるようになります。前向きな心によって、誰より先取りして危険を予知し、全員参加の活動を促すことができると信じています。

(2) 「役割再構築 KY シート」記入のポイント

記入のポイントは以下のとおりです。

① チームで決めた理想やチームで動くはじめの一歩を忘れていたのでは、そこへは辿り着けません。間違った認識をしていないか、文字化して周囲と比べてください。

② 自分の役割について間違えた認識ではいけないので、記入後、周囲に確認をとってください。

③ 自分の役割やチームにとっての意味がわからなかったり、なぜ期

第8章　困りごとに対処するコミュニケーション技術

改善ブリッジシート

記入年月日：　　　　　年　　　月　　　日

名前：＿＿＿＿＿＿＿＿＿＿＿＿＿＿＿＿＿

(イ)問題点を洗い出す
問題、現在できていないこと、不満・不安をリストアップしましょう。

(ロ)共通の問題意識をまとめる
★ チームの問題意識のベクトルを一致させましょう。

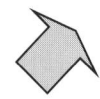

(ホ)個々の理想を出す
(ニ)を考えたうえで、あなた自身の理想は何か考えましょう。
まずは個人的な理想を互いに共有して書き出して見ましょう。

(ヘ)上記(ホ)の要素からチームの理想をまとめる
★ チームメンバーの理想をまとめ、チームとしての理想を掲げましょう。
行動ではなく、気持ちなどの要素が含まれてもかまいません。

(ト)理想に近づくためのチームの一歩を踏み出す
(ホ)でまとめたチームの理想達成のために、はじめの一歩として皆で行うことのベク
★ トルを合わせましょう。
ここには行動できることを書きましょう。気持ちなど心理面も書くときは、その心を
維持するための行動も記入しましょう。

★のマークがついている箇所は、チームで意見を一致させるところです。

図8.3　「改善

8.5 役割の再構築に必要な「役割再構築 KY シート」

チーム名：＿＿＿＿＿＿＿＿＿＿＿＿＿＿＿＿

(ハ)悪化のシナリオを考える
　(ロ)でベクトルを一致させたチームの問題意識をそのままにしてしまったら、どんな結果になるでしょうか。どんな影響が、どんな反応が出てしまうでしょう。

(ニ)自分ごとに落とし込む
　(ハ)で考えた悪化のシナリオについて、悪化すると自分にとってよくないと思う理由はなんでしょう。

> この(ト)の行動がとれ始めたら、どんな利点があるか想像してみましょう。自分にとってのみではなく、周囲にもよい影響が出ることを想像してみてください。

ブリッジシート」　　　　　　　無断転用・転載・複製を禁ず　copyright. EAP総研

161

第8章　困りごとに対処するコミュニケーション技術

役割再構築 KY シート

めざすものや理想は何でしたか。

チームで決めたはじめの一歩は何ですか。

氏名	記入年月日	自分の役割は何ですか？	自分の役割はチームにとってどんな意味がありますか？（自分で記入できなければ、周囲に聞いて見ましょう）	なぜ期日までに実行しなければなりませんか？（自分で記入できなければ、周囲に聞いて見ましょう）

※チーム員全員分を記入し、各自が読んで仲間の価値・役割を理解しましょう。
　ください。

図 8.4　「役割再構築

8.5 役割の再構築に必要な「役割再構築 KY シート」

「こんなことができているといいなぁ」と思うことを書いてください	自分が困ったとき相談するサポーター(氏名)を書いてください	自分が困ったとき、サポーターにどんなことをしてほしいですか	役割を達成できたら、どんなよいことが自分やチームにもたらされるでしょうか

そして、チームにとっての自分の存在意義を考え、その中で自分の価値を見出して KY シート」

日までに行わなければならないか、意味がわからないときや疑問があるときは、恥ずかしがらず、周囲に聞いて納得できるまで対話をしてください。対話こそすべての源です。

④　「こんなことができるといいなぁ」、と想像することは、未来への一歩です。自分の行動でもよいですし、チームメンバーが行うことを書いてもよいです。自由に思いを巡らせてください。想像できたことは行動しやすくなります。

⑤　どんな行動をするときでも、かならず壁はあります。その壁を一人で抱えるのではなく、チームで達成するのですから、チームメンバーが周囲の困りごとを自分のこととしてサポートできれば、とても温かな組織になり、チームのために力を出そうという思いが湧いてきます。チームメンバーが何に困っているか知ろうともせず、手を貸さない集団は、チームとはいえません。チームメンバー全員で知恵を出し合うからこそ、越えられない壁も越えることができるのです。

⑥　全員の氏名と役割、その他すべてが埋まった紙を眺めて、思うことをぜひ味わってください。まだ壁が立ち塞がり、たとえみんなの一歩を加えても解決に至らないように見えても、焦らないでください。まず一歩を進めようとしている仲間と自分との小さな違いを感じてください。そして、チームの今の状態、チームメンバーの今の心の中を感じてください。記入しっぱなしにしないで、読んで、心に留め考えることをしてください。チーム内が観えてきます。そして、自分の心も見えてきます。

　チームメンバーに興味をもつことがすべての始まりです。そして、改めて自分の価値を見出してください。解決策はチームメンバーとあなたの心の中にあるのです。

　心の好循環サイクルを潤滑油として、4つのシートを活用して、サイ

クルを回し続けてください。はじめは意識的にシートを使っていても、繰り返すごとにシートに書いてある対話がシートを使わずにできるようになった組織もあります。

　日常の対話こそすべてです。ここまで紹介した4つのシートはシート「を」使うことだけを目的にしないでください。あくまでシート「で」心の好循環サイクルをつくってください。「を」と「で」は、日本語にすれば1文字の違いですが、意味には大きな違いがあることは皆さまなら十分もう理解されたと思っています。シートを使う側が「を」と「で」の意味を十分理解したうえで利用してください。今まで感じていたチーム運営を改善したいけれどむずかしい、と思っていた壁が少しずつ低くなるよう願っています。

8.6　悩みごと・困りごと Q&A

　ここで、よく相談される悩みごと・困りごとに対して、Q&A方式でどう対応するべきか見ていきます。

かたくなな心の窓を開く声かけ

Q1 普段はよく話すのに、改善活動になると無口になってしまう人がいるのですが、どのようにしたら活動でも意見を言ってくれるようになりますか？

A1 意見を言わない人がいる場合、言えないとしたらどんな心の事情が考えられるでしょうか。下記の項目で、これが理由だと思う□にチェックしてみてください。まず、相手の心を知ろうと想像するところからスタートです。

　　□　1. 活動の場ではよいことを言わなくてはいけない、と考えすぎ

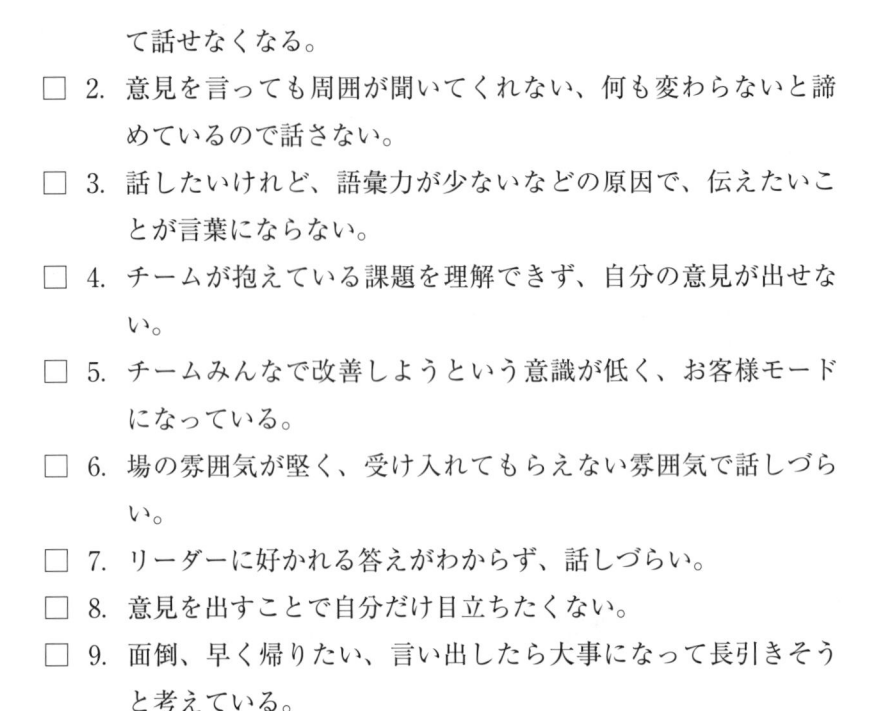

第8章 困りごとに対処するコミュニケーション技術

て話せなくなる。
- ☐ 2. 意見を言っても周囲が聞いてくれない、何も変わらないと諦めているので話さない。
- ☐ 3. 話したいけれど、語彙力が少ないなどの原因で、伝えたいことが言葉にならない。
- ☐ 4. チームが抱えている課題を理解できず、自分の意見が出せない。
- ☐ 5. チームみんなで改善しようという意識が低く、お客様モードになっている。
- ☐ 6. 場の雰囲気が堅く、受け入れてもらえない雰囲気で話しづらい。
- ☐ 7. リーダーに好かれる答えがわからず、話しづらい。
- ☐ 8. 意見を出すことで自分だけ目立ちたくない。
- ☐ 9. 面倒、早く帰りたい、言い出したら大事になって長引きそうと考えている。
- ☐ 10. 若手が話せなくなるから、ベテランとして遠慮している

このように、誰にでもさまざまな心の中の事情があります。この事情ではないかな、と思うチェック項目があれば、本人にやわらかく確認してみて、よい方向に促しましょう。意見が出ないからダメなのではなく、出せない行動の壁を理解し、補足し、サポートし、関わろうとすること自体で心がつながり、コミュニケーションが生まれます。コミュニケーションがすべてを変えるきっかけになるのです。マイナスな現象をきっかけにコミュニケーションの幅を広げてみてください。心の窓を開けることができ、新しい価値をともにつくれるかもしれません。☐1～10の心の事情に関してのアプローチは以下のとおりです。参考にしてみてください。

［声かけ例］

1：よいことを言おうと考えすぎているのかな。思ったことを口にしてみていいんだよ。

2：言っても何も変わらないと思うかもしれないけど、はじめの一歩はみんなの意見からだ。まず、声を出して心の中を話してほしい。

3：思っていても、言葉に出せないなら、周囲で同じことを話している人がいたら相づちを打ったり、自分もだよ、と気持ちを発信してみてごらん。言葉に表すのがむずかしかったら、指でさしたり、絵でもいいし、わかっている単語を並べるだけだっていいよ。何か発信してみて。

4：今チームは○○という課題を抱え、その意味は○○なことで、全体的に○○なダメージがある。君はこの課題が君にとってどんな悪い影響があるか、考えて話してみて。

5：いつもじっと聞いているから、きっと君にもよい意見があるはず。君は昔、○○なこともしてくれてチームとして助かって嬉しかったよ。今回も君の力が必要なんだ。

6：話しづらい雰囲気なんじゃない？　みんなで話し合うとき、自分がムードメーカーになるから、笑ってね。

7：正解はないから、自由に言っていいんだよ。

8：この場で言わなくてもいいし、後でもいいから言ってきてくれると嬉しいよ。

9：言わないと終わらないですよ。皆で智恵を出し合って、今、もう一歩、少しでも前に進ませよう。(あくまで責める口調ではなく、目は優しく)

10：遠慮しないで、みんなの参考になるので、一言でも言ってくださいよ。

［各声かけ例のポイント］

①　肩の力が抜けるように、緊張感を与えない

② 行動や言動の意味を伝える
③ どんな形であれ、あなたを知りたいという熱意を出す
④ 全体像を理解させ、個人の問題として落とし込む
⑤ 必要としていることを伝える
⑥ 期待を伝える
⑦ どれがよくてどれがよくないか、など、その場では評価しない
⑧ 立場を尊重する
⑨ 規制をかけるが皆で達成しようと促す
⑩ 背中を押す

チームの気持ちがわからないときは、極端な話ではありますが、この10個の声かけを、さまざまな場面ですべて使ってみるのも手です。心のどこかに必ずヒットして前に進めます。何より、リーダーの熱意が伝わることが重要です。相手を否定せず、心の事情を理解しようとして気にかけていることが伝わればほぼ成功です。心の窓を相手から開いてくれるようになります。

新しいことへの抵抗をチームで乗り越える

Q2 新しいやり方に変えることや、新しいことにチャレンジすることに抵抗感のある人を引っぱっていくために必要なことは？

A2 新しいやり方に変えることや新しくチャレンジすることに抵抗のある人は、どのような心の事情をもっていると考えられるのでしょうか？　さまざまな考え方や心の状況を無視して、リーダーが上からの力で推し進めると、行動が変わらないことが多いですし、心が離れてしまい、人間関係に溝ができてしまうこともあります。そんなときは、チームの力を使いましょう。話し合いの中でチーム員がお互いの考えを理解し、サポートし合えるように促すことができます。ここで、8.3節で解説した「心の改善同盟

KKKシート」を用いると効果的です。

　仲間の心の事情がわかったからこそ、心の距離が近づき、話し合う土台ができます。そこで新たに改善点とチーム内でお互いがサポートし合う内容を話すように促すと、ともに改善していく集団であるという認識が自然に生まれます。チームの中にサポーターがいるということだけで、安心感が生まれ、新しいものへの抵抗感が小さくなります。このチームなら、みんなでチャレンジできるという気分（心理学ではチーム効力感といいます）を促しましょう。自然に新しいものに興味が湧くようになります。

8.7　言葉になる前の声なき声を拾い上げる

　ここで、チームワークを高めるために効果的な問いかけ方について解説します。チームの活性化は質の高い小集団改善活動に不可欠な要素です。活動がうまくいっているサークルは、立場を問わず常に意見が出しやすい闊達な雰囲気です。一方であまりうまくいっていないサークルは、意見もまばらで発言者に偏りが生じているケースがほとんどです。

（1）　リーダーの問いかけと役割

　では、ミーティングや話し合いの場で意見を出そうとする人がおらず、重苦しい空気になっている場合はどうしたらよいのでしょうか？「何か意見はありませんか？」、「この議題についてどう思いますか？」など、状況にもよりますが、こんな問いかけを繰り返していても、実のある対話や活発な意見交換は望めません。

　これは、対話をスタートさせる問いかけにしては範囲が広すぎるためです。すでにメンバー間で対話の姿勢が構築されていて、スイッチが入っている状態ならば、このような答えを限定しない問いかけが有効な

のですが、お互いに探り合い牽制し合っているような場合は、もう少し答えの範囲を限定した問いかけが適当です。「生産性を上げるために今季から導入したシステムについて、気がついたことはありますか？」など、具体的に聞かれれば、答えるべきことをイメージしやすいので、きっかけができます。きっかけさえつかめば、答えの中にその人なりの意見は必ず含まれているものです。自由な意見が出てこない場合は、こうした質問を複数の人に投げかけて、お互いの考えていたことを知ることから始めましょう。

　リーダーは観察者として優れた能力をもっていてほしい存在です。ミーティング中もメンバーをつぶさに観察し、視線や表情のちょっとした変化に気がついて、その人が発するサインを読み取ってください。意見を言わないからといって意見がないとは限りません。多くの場合は、意見があっても自ら発言する勇気がない、今言う必要がないなど、何らかの壁を感じていることもあるのです（p.165　A1参照）。表情や仕草から、「言葉になる前の声なき声」ともいえる心の事情を読み取り、さりげなく話を振ってあげることも重要です。こうした適切な介入ができるリーダーは進行役に徹していて、そこで得た情報を分析し、チームの好循環サイクルに活かせるのです。

（2）尋問ではなく質問をする

　先ほど述べたように、質問の仕方によってメンバーの反応は大きく変わります。質問をする際にはなるべく相手が考えて答える、自然に持論を述べてしまうような問いかけを心がけましょう。

　小集団改善活動における対話の場では、リーダーや推進者、管理者であればなおさら「答えありき」、「正解を求めるためだけ」の問いかけは避けるべきです。自由な意見を言わせずに、質問者が満足する答えを言わせるだけでは、個の力をチーム力に変えることはできません。それど

ころか、そこで交わされる会話がすべて「他人ごと」になってしまうのです。

　よい質問とは、聞かれたほうも自分の考えを整理するのに役立ち、自分が思っていることをチームの意見として反映させられるチャンスを得られるものです。ですから、質問者の意向に沿った答えを無理に言わせるための聞き取りは避け、自由な意見を引き出しましょう。こちらの都合で相手の意見に規制をかけ、意図どおりのことを言わせるのは、質問ではなく尋問になってしまいます。

　リーダーが課題について聞く際、質問を工夫することで対立を未然に防ぐことも可能です。例えば、最近不具合が増えてきて目標を達成できなかった現場で、「目標値達成できなかったのは何が原因だと思いますか？」と聞くところを「目標は達成できなかったけれど、今できているところはどこですか？」、「できたところにどのような工夫をしましたか？」、「今後どうすればさらに改善して目標を達成できると思いますか？」と３つの質問を用いて質問をポジティブな言葉へ変換してあげるのです。こうすることで、「犯人探し」から「改善できそうな方法探し」という建設的で前向きな対話が可能になります。

　日本では、長らく「なぜ」と追究することが大切とされてきましたが、「なぜ」が知らず知らずのうちにチームを追い詰め、前向きな推進力を失わせている場合もあるのです。質問の仕方を一つ変えただけですが、これだけでも問題思考の質問が解決志向に変換され、その対話がなされた後にチームは「ありたい姿」について有意義な対話ができるようになります。

（3）　共通認識のリスク

　メンバーが一人ひとり思いを口にし出すと、多かれ少なかれ意見にばらつきがあることに気づきます。そこをチームの意見として共通意識を

第8章　困りごとに対処するコミュニケーション技術

まとめようとすると、あるリスクが生じます。そのリスクとは、共通認識となったチームの意見があたかも人格をもったように一人歩きし、チームの意見と私の意見は違う、と思い込み、心が離れてしまうことです。詳しくは第3章3.3節(3)を参照してください。

　個の意見をまとめ、共通項を抽出したはずなのに、なぜ溝が生まれるのでしょうか。それは、自分ごとに腹落ちしていないからなのです。自分ごとに腹落ちさせるためには、以下のように問いかけてみましょう。

　「チームで××が問題で、その結果△△になるとの共通認識ですが、あなたにとって、その問題が悪化することがよくないと思う理由は何ですか？」

　このとき、「その原因は何ですか」というような質問にせず、あなたが思う根拠を聞いてください。そして、「○○という理由で私は○○と思う」という答えが出るように導いてください。結果、チームの意見に自分の中で意味づけができ、チームの意見＝自分の意見となるのです。

　チームの改善活動の要は対話にあります。対話の中で共通の課題に直してディスカッションを重ね、自分たちで「腹落ち」した対策を立てることが重要です。一方で、上から押しつけられた方法は、内発的に問題意識をもって取り組んだ課題でも、自発的に行動して得た改善方法でもありません。人間は納得しないまま突然解決策を与えられると、心がついていかず、焦りや不安、反発を引き起こすことが多々あります。問題・課題が解決に至るまでの思考や認知のプロセスが抜け落ちている改善計画は、働く人の立場からすれば「押しつけられた」改善案でしかないのです。

　腹落ち感が大切というのも、問題や課題に対して「自分たちが考えた」、「自分たちが納得して行う」改善活動は、無理矢理説得され、押しつけられた改善活動よりやらされ感が減り、自分たちのために行動するようになります。行動に意味をつけられると、品質改善意欲が向上し、安全文化が自然に醸成されていきます。説得から納得に導くプロセスを

172

知っていることは、改善活動を行ううえで大きな強みになります。

8.8　人づくり＝組織づくり

　互いに高め合う人づくりとは、他者に関心をもって積極的に関わろうとする魅力的な人を育成することです。メンバー全員が他者に興味を示し、改善し続けたら、お互いの成長スパイラルが加速し、より高い価値を求め合うようになります。困難に陥ったときも、互いにサポートし合い、ともに壁を乗り越えようとする意欲の結集がはかられます。心の好循環サイクルの大きな利点です。

　心を意識しながら人を育てれば真の意味でのチームが構築され、組織力が引き上げられます。こうなれば、組織に所属するすべての人が笑顔で学び合い、楽しく仕事をしながら、知恵を出し合うという無形効果の向上によって、目標値達成などの有形効果を生みやすくなるのです（図8.5）。

　コミュニケーションや対話を通じて人を育てるという手法はQCサークル活動だけでなく、あらゆるチームや組織を高め合うために必要なことです。組織風土を変化させる最大の要因はチームのメンバー一人ひと

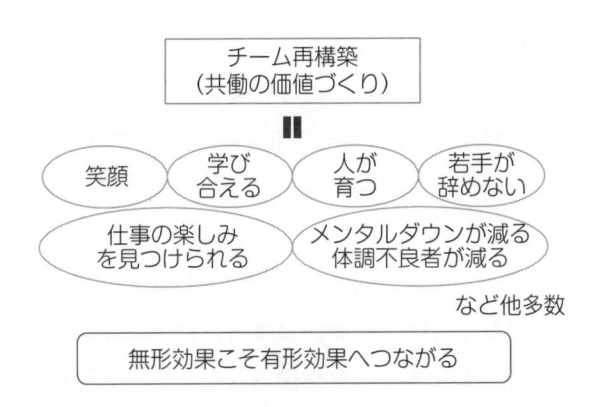

```
         ┌──────────────────┐
         │   チーム再構築      │
         │ (共動の価値づくり)  │
         └──────────────────┘
                  ‖
  ╭────╮  ╭────╮  ╭────╮  ╭────╮
  │笑顔 │  │学び │  │人が │  │若手が│
  │    │  │合える│  │育つ │  │辞めない│
  ╰────╯  ╰────╯  ╰────╯  ╰────╯
   ╭──────────╮   ╭──────────────╮
   │仕事の楽しみ│   │メンタルダウンが減る│
   │を見つけられる│  │体調不良者が減る  │
   ╰──────────╯   ╰──────────────╯
                              など他多数

   ┌────────────────────────────┐
   │ 無形効果こそ有形効果へつながる │
   └────────────────────────────┘
```

図 8.5　チームの再構築が引き出す無形効果

りが問題意識をもって変化を望むことであり、チーム全体がその思いを共有し、チームがもつ熱を周囲に伝えられるようになることです。

　人づくりで私が重視するのはコミュニケーションです。なかでも対話で交わされる「意味のあるやりとり」が増えることで、個人プレーからの脱却がはかれます。1人が2人になり、やがてチームになり、チーム外まで影響を及ぼしていくという爆発的な増殖力が生まれます。

　以下に示しているのは、心の好循環サイクルのワークの訓練中に、どんなときに意味のあるやりとりだったと感じますか？　という質問に対し、私が講師を務めた心の好循環サイクルのワークを受講した後に応じてくれた人の答えです。

- 一人ひとりが周囲の思いを理解しようとしているとき
- 周囲の意見にチームメンバーがうなずくとき
- みんなで意見をまとめようと努力しているとき

　セミナーの前にも「意味のあるやりとり」をどんなときに感じるか質問をしましたが、そのときは「結果が出たとき」、「チームワークがとれたとき」など、どこか曖昧で、即物的でした。しかし、心の好循環サイクルのワークの訓練後、その体感について話してくれた受講者は、それぞれチームメンバーのすること(Doing)のみではなく、仕事の向き合い方などのあり方(Being)に注目できるようになったのです。Beingへの注目は、結果としての行動という表面を見るだけでなく、心構え、人の心を知ろうとしていることにほかなりません。人の心を知ろうとするプロセスこそ、改善活動の有形効果を高めるための無形効果といえるもの、つまり、チームづくりで結果を出すためのすべてのスタートなのです。心の向く方向が自分と似ているとわかると、人への安心感が生まれ、ともに目標を達成する仲間として受け入れやすくなります。仲間を受け入れたうえでの対話は、表面的な支持だけでなく、あうんの呼吸となることもでき、たとえ間違いを指摘されても、素直に聞く耳をもつことができます。そして、他人の喜びを自分のことのように素直に分かち

合うこともできるのです。

　今年は、品質の父といわれた故石川馨先生の生誕100年にあたる年です。石川先生は、チームを大切にし、ものづくりこそ人づくりである、との考え方をおもちだと聞き及んでいました。そんな折、石川先生から直接ご指導を受け、品質管理に深い理解のあったNECインターチャネル株式会社代表取締役社長であられた黒川湛様とお仕事をさせていただいた際に、奥様が石川先生のお嬢様だということを知り、本書に寄せるお言葉をいただきました。

　川西さんがQCサークル活動にご尽力をいただいていることを夫から耳にし、また父 石川馨の生誕100年の年にこのような本を出版されるとうかがい、何かのご縁を感じております。
　父は家に居るときはいつも書き物をしていることが多く、普通の親子のように仲良く遊んだという記憶はあまりありませんが、よくお弟子さんや学生さんたちを自宅に招き、「ノミニケーション」と称して、楽しそうに議論をしている姿を思い出します。チームワークが大事という考え方は、その時もよく出ていたように思います。
　また、そのようなときによく出てくる言葉は「いろいろあらーな」でした。何かうまくいかないことがあっても、世の中いろいろあるもの、くよくよせずに前向きな思考を持て、ということだと思います。
　父の迷言？ をお伝えし、刊行に寄せる言葉といたします。川西さんの今後益々のご活躍をお祈りいたします。
　2015年5月吉日
　　　　　　　　　　　　　　　　　　　　　　　黒川　裕子

　石川先生の生の声を知ることができ、とても光栄でした。「いろいろあらーな」という言葉は、石川先生らしい暖かな心が伝わる名言です。

第8章　困りごとに対処するコミュニケーション技術

周囲の人の心に寄り添うときの声かけとしても効果のある言葉だと痛感いたしました。ご教授を賜りました黒川裕子様に心より感謝申し上げます。

付　録
各種記入用ワークシート

付録　各種記入用ワークシート

　付録として、第7章と第8章で紹介・解説したワークシートについて、読者の皆さまが記入できるように空欄としたものを収録します。自身のストレスに対処できるように、また、心の好循環サイクルを回せるように、解説を見ながら使用してください。

　付録1：デイリームードチェックシート
　付録2：楽しいことリスト
　付録3：ポジティブメッセージ作成シート
　付録4：自信を高めるシート
　付録5：To Do リスト
　付録6：感情コントロールシート
　付録7：グルグル思考停止シート
　付録8：行動変換KSKシート
　付録9：改善ブリッジシート
　付録10：役割再構築KYシート
　付録11：心の改善同盟KKKシート

「心の改善同盟KKKシート」は、ページの都合上付録11となっていますが、心の好循環サイクルでは行動変換KSKシートと改善ブリッジシートの間に用いるものです。

　ワークシートは、解説を読み、手順を守ることが大切です。手順を変えたり、部分的に使用しても効果を出すのは期待できません。ワークシートについてのお問合せは、ランスタッド株式会社　EAP総研までご連絡ください。
　ランスタッド株式会社　EAP総研
　メールアドレス：master@eapjp.com

付録　各種記入用ワークシート

付録1　デイリームードチェックシート

デイリームード CHECK SHEET					
①─②─③─④─⑤─⑥─⑦─⑧─⑨ とても憂鬱　　　　　　　普通　　　　　　非常に幸福・楽しい					
測定時間	気分の点数	そのように感じた理由	排除できるストレス原因	排除できないストレス原因
コメント・気付き：				

第7章 7.2節【心】－1　気分の変動を把握する、p.125
無断転用・転載・複製を禁ず　copyright. EAP総研

付録　各種記入用ワークシート

付録2　楽しいことリスト

楽しいことリスト		

第7章 7.2節【心】− 2　楽しいことの見つけ方、p.127
無断転用・転載・複製を禁ず　copyright. EAP総研

付録　各種記入用ワークシート

付録3　ポジティブメッセージ作成シート

ネガティブメッセージ		ポジティブメッセージ
1.	⇒	1.
2.	⇒	2.
3.	⇒	3.
4.	⇒	4.
5.	⇒	5.

第7章7.2節【心】－3　前向きな思考をもつ、p.128
無断転用・転載・複製を禁ず　copyright. EAP総研

付録　各種記入用ワークシート

付録4　自信を高めるシート

心配ごと

①制御体験

②代理体験

③言語的説得

④生理的情動的状態

第7章 7.2節【心】− 4　自分に自信をもつ、p.130
無断転用・転載・複製を禁ず　copyright. EAP総研

付録5　To Do リスト

To Do リスト	年　月　日（　）
☐	☐
☐	☐
☐	☐
☐	☐
☐	☐
☐	☐
☐	☐
☐	☐

＊注　振り返りを必ず行いましょう。
　　　健康な状態でもリストを完了できない場合は、詰め込みすぎの状態だと思ってください。

第7章7.2節【心】－5　やるべきことの整理法、p.131
無断転用・転載・複製を禁ず　copyright. EAP総研

付録　各種記入用ワークシート

付録6　感情コントロールシート

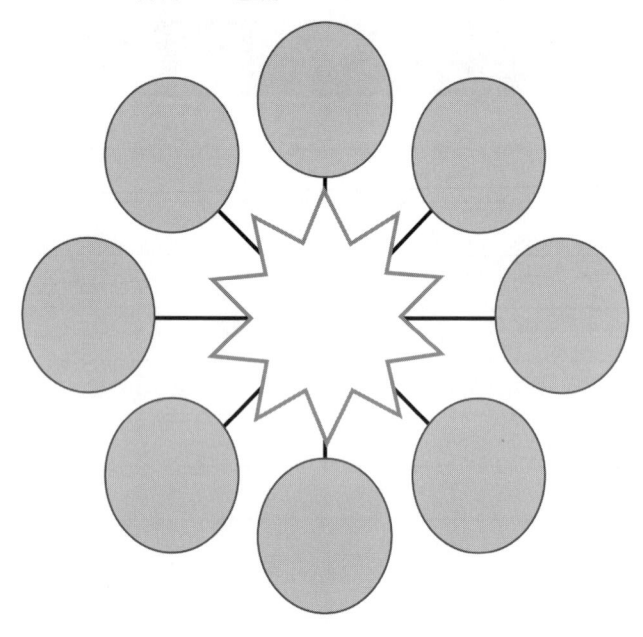

第7章7.2節【心】－6　感情をコントロールする、p.133
無断転用・転載・複製を禁ず　copyright. EAP総研

付録7　グルグル思考停止シート

ABC：思考メモ（日記）

A = Antecedent ストレスの要因	B = Belief 受け止め方	C = Consequence ストレス反応

Belief（受け止め方）のところがマイナス？

☐ Yes　☐ No

No の人は下の表もやってみましょう！

ABC(STOP) D：思考メモ（日記）

危険信号 自分が動揺していることを 気づかせる徴候	停止標識 思考を遮るために、あるいは、自分自身を停止させるために、この状況の中で私が用いることのできる、停止標識（視覚的）

D =（Do） 停止標識を使った後で、何を考え、何を行うのか？ 今後は、どのようにして、このような状況を違ったやり方で 処理していくことになるのか	
こだわりのポイント	ネガティブ行動と今後の行動

第7章 7.2節【心】－7　グルグル思考を停止する、p.134
無断転用・転載・複製を禁ず　copyright. EAP 総研

付録　各種記入用ワークシート

付録8　行動変換

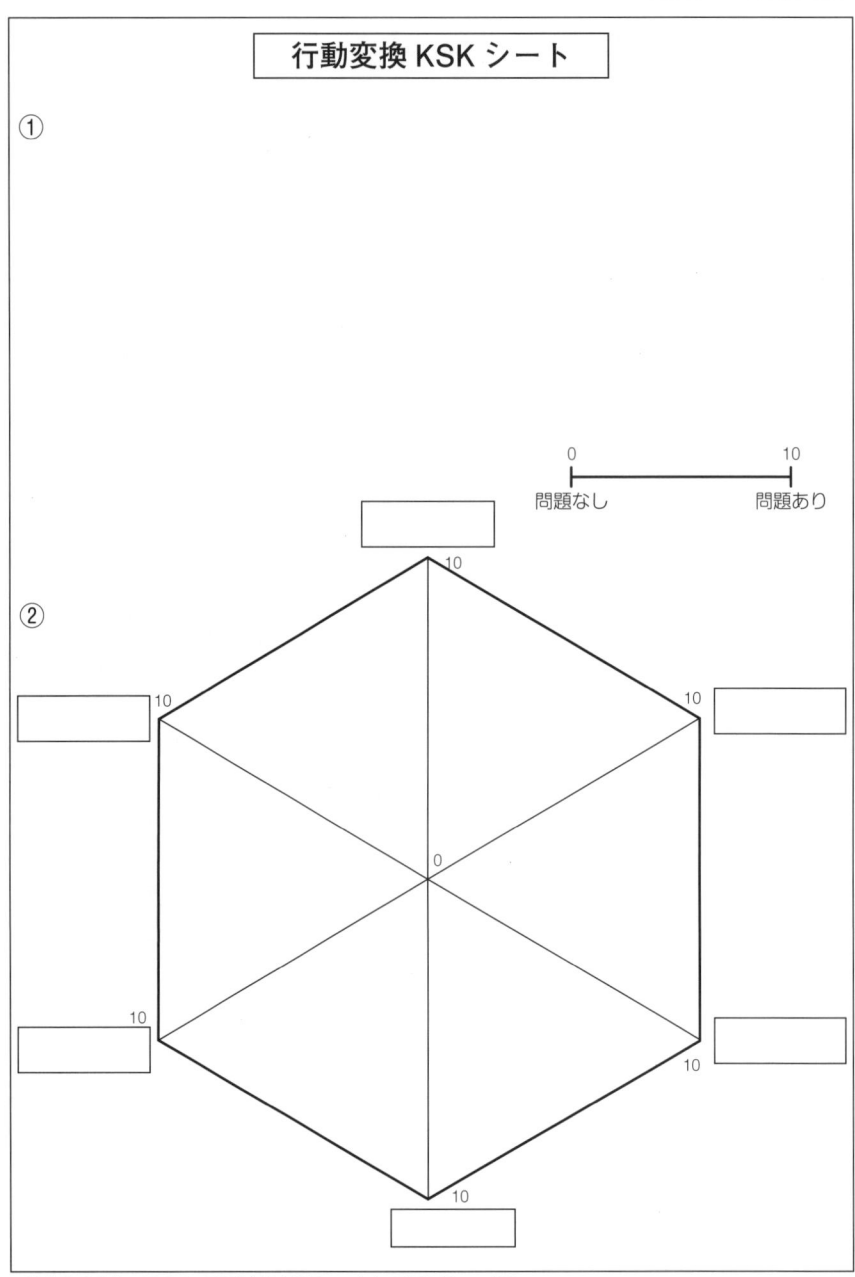

行動変換 KSK シート

①

②

0　　　　　　10
問題なし　　　問題あり

第8章8.2節　図8.1「行動変換KSKシート」の記入例、p.152

付録　各種記入用ワークシート

KSK シート

③ 思考の詳細

(　　　　　)

(　　　　　)

(　　　　　)

(　　　　　)

(　　　　　)

(　　　　　)

④ マインドセット：本来どうなりたかったのか

⑤ 熟考

⑥ 行動宣言

⑦ 明日からの具体的行動

無断転用・転載・複製を禁ず　copyright. EAP 総研

付録　各種記入用ワークシート

付録9　改善

改善ブリッジシート

記入年月日：　　　　　年　　月　　日

名前：

(イ) 問題点を洗い出す
問題、現在できていないこと、不満・不安をリストアップしましょう。

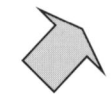

(ロ) 共通の問題意識をまとめる
★ チームの問題意識のベクトルを一致させましょう。

(ホ) 個々の理想を出す
(ニ)を考えたうえで、あなた自身の理想は何か考えましょう。
まずは個人的な理想を互いに共有して書き出して見ましょう。

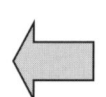

(ヘ) 上記(ホ)の要素からチームの理想をまとめる
★ チームメンバーの理想をまとめ、チームとしての理想を掲げましょう。
行動ではなく、気持ちなどの要素が含まれてもかまいません。

(ト) 理想に近づくためのチームの一歩を踏み出す
(ホ)でまとめたチームの理想達成のために、はじめの一歩として皆で行うことのベクトルを合わせましょう。
★ ここには行動できることを書きましょう。気持ちなど心理面も書くときは、その心を維持するための行動も記入しましょう。

★のマークがついている箇所は、チームで意見を一致させるところです。

第8章8.4節　「改善ブリッジシート」

ブリッジシート

チーム名：＿＿＿＿＿＿＿＿＿＿＿＿＿＿＿＿

(ハ)悪化のシナリオを考える

(ロ)でベクトルを一致させたチームの問題意識をそのままにしてしまったら、
どんな結果になるでしょうか。どんな影響が、どんな反応が出てしまうでしょう。

(二)自分ごとに落とし込む

(ハ)で考えた悪化のシナリオについて、悪化すると自分にとってよくないと思う理由は
なんでしょう。

> この(ト)の行動がとれ始めたら、どんな利点があるか想像してみましょう。
> 自分にとってのみではなく、周囲にもよい影響が出ることを想像してみてください。

付録　各種記入用ワークシート

付録10　役割再構築

役割再構築 KY シート

めざすものや理想は何でしたか。

チームで決めたはじめの一歩は何ですか。

氏名	記入年月日	自分の役割は何ですか？	自分の役割はチームにとってどんな意味がありますか？（自分で記入できなければ、周囲に聞いて見ましょう）	なぜ期日までに実行しなければなりませんか？（自分で記入できなければ、周囲に聞いて見ましょう）

※チーム員全員分を記入し、各自が読んで仲間の価値・役割を理解しましょう。
　ください。

第8章 8.5節　「役割再構築 KY シート」

付録　各種記入用ワークシート

KY シート

「こんなことができているといいなぁ」と思うことを書いてください	自分が困ったとき相談するサポーター(氏名)を書いてください	自分が困ったとき、サポーターにどんなことをしてほしいですか	役割を達成できたら、どんなよいことが自分やチームにもたらされるでしょうか

そして、チームにとっての自分の存在意義を考え、その中で自分の価値を見出して

無断転用・転載・複製を禁ず　copyright. EAP総研

付録　各種記入用ワークシート

付録11　心の改善同盟KKKシート

①内容への不満	③実施への不安
②共通認識	

④改善点とサポート内容

第8章8.3節　図8.2「心の改善同盟KKKシート」の記入例、p.156
無断転用・転載・複製を禁ず　copyright. EAP総研

おわりに

　本書をお手に取って読み進めてくださり、心より感謝申し上げます。心の好循環サイクルを回し続けるために、これからの改善活動に必要で、メンバー一人ひとりに役立てていただきたい要素として、ヒューマンリスク、モチベーションの高め方、チームワーク、リチーミング、新しい形のリーダーシップ、コミュニケーションマネジメント、そしてすべての力の源としてのストレスマネジメントについて解説してきました。さらに、チームを改善したいリーダーや推進者の皆さまが加え続ける力について、心理学的見地からの考え方や技法を紹介してきました。心の好循環サイクルでは、「相手の心の事情を察し、考えて、言葉を使いこなし、周囲を巻き込み、チームメンバー自らが心の向く方向を合わせていくボトムアップができてくること」を大きな目標にします。

　しかし、普段の挨拶ですらできていない職場の風土では、いくら考え方や技法を身につけても、なかなか機能しないという壁を感じることがあります。究極は、目と目があったら、「やぁ」、「おぅ」というかけ声が、笑顔とともに発せられる職場づくりが原点だと痛感します。このことは、本書の中で私が言い続けている対話する力に組み込まれていますが、普段の対話の大切さを読者の皆さまが感じとっていただければ幸いに存じます。

　本書の執筆を終えて痛感したことは、今までお仕事をさせていただいたさまざまな企業の品質・安全・開発・人事のご担当者様やサークルリーダーや、推進者の皆さまへの感謝の念です。職場において、一人ひとりの心のあり方を大切になさっている企業のご担当者様自らが、さらにより心の事情を深く知り、仲間を支え個を活かす力を身につけ、会社

おわりに

　に還元したいという想いで、私の考え方を導入してくださいました。私も彼らから仕事への向き合い方や生き方など多くの事を学ばせていただきました。心のあり方を大切にする文化は、日本の企業に本来備わっていた中心的な魂だったのだと想いを新たにしました。本書を執筆しながら、私の心に多大な影響を与えてくださった現場を守り抜いてきた方々のお顔が浮かび、思いを馳せておりました。また、ともに汗をかきたいと…

　本書を執筆するにあたり、多くの理解と応援のエールを日々注ぎ続けてくれた、弊社ランスタッド株式会社会長のマルセル・ウィガースと、私の活動の意味を信じ、ともに頭を抱えながら知恵を絞り合い、本書の理論構築の一助となったEAP総研シニアコンサルタントの山越薫、そしてチームワークについて常に多くを学ばせていただいている、私が所属するヨットレーシングチームの信頼する仲間たちに深く感謝したいと思います。そして、私の想いを汲んで心を込めた編集をしてくださった、日科技連出版社の田中健社長、戸羽節文取締役、石田新氏に心より御礼申し上げます。最後に、同じことの繰返しができる組織にすることが大切と、何年も私を現場に呼び続けてくださった、元 都運送株式会社会長・フジスタッフホールディングス名誉会長の故増山瑞比古氏に本書を捧げます。

　　2015年5月吉日

　　　　　　　　　　　　　　ランスタッド株式会社　EAP総研
　　　　　　　　　　　　　　　　所長　川西　由美子

索　　引

【英数字】

5M	3
6 S	92, 93
Being	174
Doing	68, 174
I(私)メッセージ	157
Knowing	68
NST	81
QC 七つ道具	3
QC サークル活動	3
QC サークル大会	14
Re-teaming	42
VAS	154
Visual Analog Scale	154

【あ行】

アイスブレークワーク	55
安全文化醸成	44
イエローサイン	86
インクルーシブ・リーダーシップ	82
裏感情マップ	67
栄養サポートチーム	81
エース群	18

【か行】

解決志向	45
改善活動	3
改善ブリッジ	62, 64, 149
改善ブリッジシート	149
危険予知	159
言語的説得	16
交感神経	104
行動変換 KSK シート	149, 150
心がノックされている状態	22
心に火がついている状態	22
心の改善同盟	62, 149
心の改善同盟 KKK シート	149
心の好循環サイクル	14, 149
心の事情	148
心の視野狭窄	32, 83
心の花束	88
──概念図	88
言葉になる前の声なき声	169, 170
コミュニケーションパトロール	30
コミュニケーションリスク	8, 105

【さ行】

三現主義	28
自己開示	68

索　引

自己効力感	16	ヒューマンエラー	iii
小集団改善活動	3	ヒューマンエラーの発生	5
自律神経	104	ヒューマンリスク	5
新QC七つ道具	3	評価スケール	154
尋問	170	品質改善意欲向上	44
ステップアップ群	18	副交感神経	104
ストレス原因	97	ポールスター	ix
ストレスドック	151	保全チームの改善例	73
ストレス反応	97	【ま行】	
スマイル	93	マインドセット	150
スリップ	6	無形効果	v, 34
制御体験	16	メンタルヘルスケア	iii
【た行】		モチベーション	23
代理経験	16	──急降下	23
チーム内対話	50	──急上昇	24
チームビルディング	37	【や行】	
テンション&リラックス	115	役割再構築KYシート	149
【な行】		役割の再構築	62, 69, 149
ネバーギブアップ群	18	有形効果	v
【は行】		リチーミング	iv, 42
腹落ち	172	リチーミングコーチ	42, 75

著者紹介

川西　由美子（かわにし　ゆみこ）

■略歴

　フィンランド・ヘルシンキ Lyhytterapiainstituutti（Helsinki Brief Therapy Institute）にて精神科医 Ben Furman、社会心理学者 Tapani Ahola のもとで、解決志向を学び、北欧を中心に世界25カ国に広まりをみせているチームビルディング技法（Reteaming）の指導者資格（Trainer of trainers）を取得。

　2005年　　EAP総研株式会社　代表取締役社長
　2013年　　ランスタッド株式会社（オランダに本社があり世界39の国と地域に拠点を持つ総合人材サービス会社）と合併
　現在　ランスタッド株式会社EAP総研所長

　ビヘイビアルヘルス（行動健康科学）コンサルタントとして、人軸を中心に、品質改善意欲、安全文化醸成、メンタルヘルスケアのコンサルテーションを行っている。

■専門

　チームビルディング、コミュニケーションマネジメント、メンタルヘルスケア、ストレスマネジメント

■社会活動

認定 NPO 法人ゴールドリボン・ネットワーク　理事
（小児がんのこどものための活動）

■著書

"Reteaming：12 STEPS TO A HAPPY WORKPLACE"，インドネシア Gramedia 社，2013（出版協力）

『職場のメンタルヘルス対策の実務　第 2 版』、民事法研究会、2013（編著）

『強いチームを作る技術』、ダイヤモンド社、2010（出版協力）

『フィンランド式キッズスキル入門』、学習研究社、2009（出版協力）

『職場のメンタルスキルの対策の実務と法　第 1 版』、民事法研究会、2009（編著）

『キッズスキル』ダイヤモンド社、2008（出版協力）

『ココロを癒せば会社は伸びる』、ダイヤモンド社、2004（著）

『PMS を知っていますか？』、朝日新聞社、2004（編・訳）

『お年寄りのこころ学』、あいマックスメンタルヘルス研修センター、2003（監修）

『ココロノマド』、朝日新聞社、2003（著）

『高齢者のための心理療法入門』、中央法規出版、2002（翻訳協力）

ランスタッド株式会社　EAP 総研　ホームページ
http://eap.randstad.co.jp

EAP 総研　連絡先
TEL：03-6261-5739　メール：master@eapjp.com

チームを改善したいリーダー・推進者のための
心の好循環サイクル
－仲間を支え個を活かす力－

2015年6月22日　第1刷発行
2024年6月10日　第7刷発行

著　者　川西　由美子
発行人　戸羽　節文

発行所　株式会社日科技連出版社
〒151-0051　東京都渋谷区千駄ヶ谷5－15－5
DSビル
電　話　出版　03－5379－1244
営業　03－5379－1238

検印
省略

Printed in Japan

印刷・製本　㈱金精社

ⓒ Yumiko Kawanishi 2015
ISBN 978-4-8171-9552-4
URL http://www.juse-p.co.jp/

本書の全部または一部を無断でコピー、スキャン、デジタル化などの複製をすることは著作権法上での例外を除き禁じられています。本書を代行業者等の第三者に依頼してスキャンやデジタル化することは、たとえ個人や家庭内での利用でも著作権法違反です。